Klaus Göttler, Martin Werth (Hrsg.) · KIRCHE KREATIV

Klaus Göttler, Martin Werth (Hrsg.)

KIRCHE KREATIV

Erprobte Ideen für eine gelingende Gemeindearbeit

SCM R.Brockhaus

SCM

Stiftung Christliche Medien

FSC www.fsc.org MIX Papier aus verantwortungsvollen Quellen FSC® C006701

Bodenborn 43 · 58452 Witten
Internet: www.scm-brockhaus.de; E-Mail: info@scm-brockhaus.de

Umschlaggestaltung: Susanne Wittemeier, Düsseldorf
Satz: Christoph Möller, Hattingen
Druck und Bindung: CPI – Ebner & Spiegel, Ulm
gedruckt in Deutschland
ISBN 978-3-417-26429-6
Bestell-Nr. 226.429

INHALT

4. Dauerhaft

5. Unterwegs

6. Anregend

Vorwort

Für manche Menschen ist der Begriff „Kirche" mit steifen Formen und Eintönigkeit verbunden. Doch es geht auch anders! Wo Menschen im Namen Gottes kreativ werden, entsteht ein buntes Bild der unterschiedlichsten Ideen und Konzepte. Die Kirche ist ein hervorragender Platz, um kreativ ans Werk zu gehen und die Liebe Gottes den Menschen in den verschiedensten Formen und Farben vor Augen zu malen.

Seit 125 Jahren werden in der Evangelistenschule Johanneum in Wuppertal Menschen ausgebildet, die genau dieses Anliegen auf dem Herzen haben. So verschieden diese Menschen sind, so unterschiedlich sind die Arbeitsfelder und Gemeindeformen, in denen sie arbeiten. In diesem Buch geben einige Absolventen des Johanneums einen Einblick in ihre Arbeit und zeigen, wie kreativ Kirche aussehen kann. Es sind Menschen aus unterschiedlichen Generationen, die in unterschiedlichen Milieus und Altersgruppen arbeiten.

So vielfältig diese Menschen ihre Arbeit tun, so bunt ist auch das Buch. Wir haben bewusst auf eine sprachliche und formale Angleichung der einzelnen Beiträge verzichtet, weil unserer Meinung nach dadurch deutlicher wird, wie unterschiedlich Gott Menschen gebraucht, um Geschichten zu schreiben: kleine, große, grelle, schräge, unauffällige und solche, die völlig aus dem Rahmen fallen.

Das Buch stellt eine Fundgrube für die Jugendarbeit und Gemeinden dar. Es sind Modelle und Ideen, die kapiert, adaptiert und manchmal einfach auch kopiert werden können. An vielen Stellen kann man ganze Konzepte übernehmen. Manchmal sind es nur Bausteine oder einfach gute Ideen, die anregen, selbst kreativ ans Werk zu gehen und Kirche anders zu gestalten. Es sind ermutigende Berichte von neuen und bewährten Konzepten.

Kirche kann bunt und kreativ sein, weil ihr Herr originell und kreativ handelt.

Bei Rückfragen und Anregungen – auch zu einzelnen Beiträgen – wenden Sie sich an:

Evangelistenschule Johanneum
Melanchthonstraße 36
42281 Wuppertal
info@johanneum.net

Viel Spaß beim Lesen und Weitermalen!

Martin Werth und Klaus Göttler im Juni 2011

1. Einleitend

1. Wie wird eine müde Gemeinde munter? Eine Gemeinde im Veränderungsprozess

Ich erinnere mich an eine Geschichte, die John Ortberg einmal bei einem Willow-Creek-Kongress erzählte. Ein Pastor hatte seinen Dienst in einer neuen Gemeinde begonnen. Er sah viele Dinge, die notwendig zu verändern waren: angefangen beim Klavier, das er eines Tages einfach von der einen Seite auf die andere des Gottesdienstraumes schob. Wenige Wochen später sprach die Gemeindeleitung seine Kündigung aus ...

Was hätte er anders machen sollen? John Ortberg gab ihm den Rat: „Verschiebe das Klavier, aber jede Woche nur ein paar Zentimeter!" Natürlich ging es letztlich nicht um das Klavier. Es ging darum, wie bereit eine Gemeinde ist, sich zu verändern – und wie Gemeindeleiter Veränderungsprozesse einleiten und begleiten.

Manchmal habe ich, um im Bild zu bleiben, das Klavier auch zu schnell verschoben. Das eine oder andere Mal habe ich es wieder zurück an seinen alten Platz geschoben. Und doch steht es heute auf der anderen Seite des Gottesdienstraumes.

Im Jahr 2007 wurde ich als Pfarrer der Badischen Landeskirche ordiniert und war anschließend für ein Jahr in England, um dort die Aufbrüche innerhalb der *Church of England* zu studieren und auszuwerten. Begeistert und motiviert kam ich zurück – und landete in einer Gemeinde, die in keiner Weise irgendeinen missionarischen oder erweckten Hintergrund hatte. Man wollte bewusst keinen „evangelikalen Pfarrer" haben. Es gab keine Kultur, über den Glauben zu reden oder Glauben zu formulieren. Noch dazu hatte der Tod des langjährigen Vorgängers bei vielen eine Art Trauma hinterlassen. Zweieinhalb Jahre Vakanz hatten ein Übriges getan, das Gemeindeleben ermüden zu lassen. Wie sollte hier das Evangelium fruchtbar werden?

Hin und wieder werde ich gefragt, was ich denn in England gelernt hätte. Es ist vor allem dies: Gemeindeaufbau hängt nicht von Methoden und Formen ab. Alle neuen Methoden, Formen, Ansätze werden nur dann fruchtbar, wenn am Anfang eine geistliche Erneuerung steht. Die geistlichen Aufbrüche in England entspringen einer tiefen Christusbeziehung und -liebe. Daraus fließen Begeisterung und Leidenschaft, die in unsere Welt hineinströmen, die das Reich Gottes ausbreiten möchten und neue Formen und Ansätze von Kirche entwickeln. Diese Leidenschaft für Christus kommt aus dem Gebet. Sie rechnet konkret damit, dass der Heilige Geist heute handelt. Und dann, wenn Menschen sich mit Christus auf den Weg gemacht haben, kann man an den Formen ansetzen. Phil Potter schrieb einmal: „Never change a structure until you have changed the values!" („Verändere nie eine Struktur, bevor du die Werte verändert hast!") Ein englischer Kollege sagte einmal sehr drastisch: „Change – change or die!" („Verändere – verändere oder stirb!")

Eigentlich hatte ich gelernt, an einer neuen Stelle im ersten Jahr nichts zu verändern. Aber so viel Geduld konnte ich nicht aufbringen. Deshalb begann ich – mit der Geschichte von John Ortberg im Gedächtnis –, das Klavier zu verschieben.

An manchen Punkten rückte ich es wohl gleich von einer Seite auf die andere. Ein oder zwei neue Lieder im Gottesdienst fanden viele ganz gut, aber das jeden Sonntag? Hin und wieder eine PowerPoint-Präsentation, um die Kernpunkte der Predigt zu unterstreichen? Oder sogar einen kleinen Videoclip als Einstieg? Viele waren davon angesprochen, für andere war es Firlefanz, der im Gottesdienst nichts zu suchen hat. Die blieben irgendwann weg. Die anderen, die das gut fanden, kamen aber trotzdem nicht häufiger. Die Übriggebliebenen der früheren Jugendarbeit verließen spätestens dann die Gemeinde, als ihnen schließlich ihr regelmäßiges, oft reichliches Bier genommen wurde.

„Never change a structure until you have changed the values!" Was hat nun diese Werte so verändert, dass ich trotzdem noch in Forchheim bin und diesen Beitrag schreiben kann? Ich glaube, dass es gut war, an anderen Stellen das Klavier langsamer zu verschieben – und dass der Heilige Geist es war, der kräftig geschoben hat.

Nach einer Predigt über Abrahams Fürbitte für Sodom begannen einige wenige ältere Gemeindeglieder, an jedem Mittwochvormittag für die Gemeinde zu beten. Nach einem halben Jahr boten wir einen Glaubenskurs an – und schafften damit eine Kulturveränderung. „Ein Platz an der Sonne", so hieß unser „Versuchsballon", der vier Einheiten aus dem Programm *Stufen des Lebens* (www.reli.de) beinhaltete. Über dreißig Teilnehmende trafen sich an vier Abenden, unglaublich für Forchheim! „Wir sind geistlich ausgetrocknet", vertrauten mir Teilnehmende anschließend an. Eine Sehnsucht war zu spüren, mehr zu erfahren und sich auszutauschen, auch wenn es völlig ungewohnt war.

Wir setzten nach: Ein weiteres halbes Jahr später begannen wir mit einem Alphakurs – mit über 40 Teilnehmenden, darunter zwei Drittel des Ältestenkreises. Nach einem zweiten Alphakurs haben sich inzwischen drei Hauskreise gebildet. Vor Kurzem fand der erste „etwas andere Gottesdienst" statt (bei uns heißt er *Herztöne*) – mit vielen neuen Liedern, PowerPoint-Präsentationen, Theater und anderem „Firlefanz" und einem vollen Gemeindezentrum! Eine Jungschar mit über 20 Kindern hat begonnen. Konfirmanden tun erste Schritte im Glauben. Einer hat begonnen, die Predigt vom vergangenen Sonntag von unserer Website runterzuladen und seiner Mutter nebst aufgeschlagener Bibel auf den Schreibtisch zu legen: „Damit sie es auch endlich kapiert!" Ein Gemeindeglied hat eine komplette Sitzgruppe für das Foyer des Gemeindezentrums gespendet, damit sich Menschen hier zu Hause fühlen. Vor Kurzem formulierte die Gruppe im Perspektiv-Entwicklungs-Prozess als Perspektivsatz: „Wir sind leidenschaftlich mit Jesus unterwegs."

Seit zweieinhalb Jahren bin ich nun Pfarrer in Forchheim bei Karlsruhe. Ich stelle fest, dass an manchen Stellen das Klavier schon sehr weit gewandert ist – an anderen Stellen kaum. Darunter leide ich. Geduld ist nicht meine Stärke. Wichtig ist es aber, es nicht dort zu lassen, wo es ist.

Jürgen Baron

Pastor der Evangelischen Kirchengemeinde Forchheim, Baden

2. Grundlegend

2. Alles normal – und doch anders

„Hallo Jungschar!" So begrüßt mich ein fünfjähriger Junge freudestrahlend im evangelischen Kindergarten in Eppingen. Als ich ihm erklären will, dass ich Matthias heiße, läuft er schon schreiend in den Kindergarten mit den Worten: „Jungschar ist da!" Ich gehe dem Jungen lachend hinterher, trommle die Kinder zusammen, packe meine Gitarre aus und möchte gerade beginnen, als mich derselbe Junge mit großen Augen anguckt und fragt: „Jungschar, was arbeitest du eigentlich?" Ich hole tief Luft und fange an.

Ausgangssituation

Meine Hauptaufgabe ist die Begleitung und der Aufbau der EC-Jugendarbeit in Eppingen, einer Kleinstadt mit 10 000 Einwohnern in der Nähe von Heilbronn. Die Jugendarbeit in der Kirchengemeinde lief immer sehr schleppend. Wenn gerade sehr engagierte Mitarbeitende da waren, dann wurden auch einzelne Gruppen gut besucht, aber sobald diese gingen, war alles wieder zusammengebrochen. Der Wunsch vom Kirchengemeinderat (KGR) war es, eine kontinuierliche Jugendarbeit aufzubauen. Vor mittlerweile sechs Jahren hat der KGR beschlossen, dass er mit dem EC zusammenarbeiten will, und 2007 kam es dann zur Gründung des EC Eppingen. Seitdem bin ich auch als Jugendreferent in der Kirchengemeinde aktiv und für den Konfirmandenunterricht verantwortlich. Mittlerweile haben wir über 100 Kinder in unseren Jungscharen, 40 regelmäßige Teenkreisbesucher und ca. 50 Mitarbeitende.

Idee

Wir haben uns von Anfang an stark darauf konzentriert, eine gut strukturierte Jugendarbeit aufzubauen, die nicht von einzelnen Menschen abhängig ist. Dabei habe ich kein neues Konzept erfunden, sondern die Struktur einer ganz normalen EC-Jugendarbeit übernommen. Das bedeutet: Wir bieten wöchentlich Kinder- und Jungscharstunden, Teen- und Jugendkreise an. Die ganze Jugendarbeit vom EC Eppingen wird von der Mitgliederversammlung (Jugendliche, die EC-

Mitglied geworden sind) und dem daraus gewählten Vorstand verantwortet. Der Vorstand beruft die Leitenden der einzelnen Kreise und ist für deren Vernetzung zuständig. Uns ist wichtig, dass diese Struktur nicht nur auf dem Papier steht, sondern dass wir sie auch leben. Damit einzelne Kreise nicht von einer Person abhängig sind, ist es gut, viele Mitarbeitende zu haben. Doch wie bekomme ich die? Bei uns dürfen alle mitarbeiten, die wollen. Ich lade im Teenkreis und im Konfirmandenunterricht ganz breit zur Mitarbeit ein und spreche viele Teens gezielt an. Ich suche nicht nach Christen, die Jugendarbeit schon „können", sondern nach motivierten (13-jährigen) Jugendlichen, die bereit sind zu lernen. Mit ihnen zusammen veranstalten wir die Jungschar. Durch die gute Vernetzung der Gruppen sollen sie in den Teen- oder Jugendkreis finden.

Erfahrungen

In der Jungschar hören die jungen Mitarbeitenden Woche für Woche das Evangelium. Weil sie auch mal eine biblische Geschichte erzählen sollen, beschäftigen sie sich mit ihrer Bibel. Nach der Jungschar sitzen wir mit den Mitarbeitenden zusammen und sprechen über die Stunde, lernen daraus und beten gemeinsam. Hier hat man auch die Möglichkeit, gemeinsam etwas vorzubereiten, für den Teenkreis einzuladen und den persönlichen Kontakt zu pflegen. In den letzten drei Jahren habe ich häufig erlebt, dass Leute zum Glauben gekommen und zu starken Mitarbeitenden geworden sind. Die ersten sind mittlerweile Leiter einer Jungschar geworden. Hier habe ich erlebt, dass sie zum ersten Mal laut gebetet und mich mit Fragen bombardiert haben zu dem, was sie in der Bibel gelesen haben.

Es gibt aber auch den Fall, dass viele Konfis, die bei der Jungschar mitgearbeitet haben, nach ein paar Monaten nicht mehr kamen. Deshalb legen wir viel Wert auf die Leiter, denn sie müssen auch mit sprunghaften Konfis arbeiten können, die inhaltlich wenig Ahnung haben und vielleicht selbst noch gar nicht wissen, wo sie stehen. Aus diesem Grund wird jede Leiterin und jeder Leiter vom Vorstand berufen und durch den Vorstand begleitet. Diese Leiter sind mit der Zielsetzung unserer Jugendarbeit vertraut und können ihr zustimmen.

Das bedeutet für sie in der Praxis z.B., darauf zu achten, dass in der Jungschar eine biblische Geschichte erzählt und gebetet wird. Diese Leiter sollen regelmäßig im Jugendkreis erscheinen und auch da die Sorgen und Freuden ihrer Jungschar im Gebet einbringen können. Wir wollen dadurch erreichen, dass eine hohe Identifikation der Teilnehmenden des Jugendkreises mit unseren Jungscharen stattfindet.

Der Vorstand achtet seinerseits darauf, dass er mit den Leitern im ständigen Gespräch ist. Es muss klar sein, dass jeder Kreis ein Teil des Ganzen ist und die Struktur tatsächlich gelebt wird. Und das geschieht nur, indem die Leiter merken, dass sie gesehen und ihre Anliegen ernst genommen werden.

Benötigte Ressourcen

Man braucht eine gute Struktur, die man mit Leben füllen kann. Natürlich hatte ich am Anfang keine erfahrenen Leiter und keinen Vorstand. Aber das Ziel war und ist für mich, junge Menschen zu Leitern zu machen. Damit man sich dabei aber nicht zu sehr auf Einzelne versteift, die dann möglicherweise nach dem Abitur ihre Gemeinde verlassen, brauche ich einen großen Pool an Mitarbeitenden. Um dies zu erreichen, muss ich auch Kontakt zu vielen Jugendlichen haben. Ich kann nur schwer eine Jungschar gründen, wenn ich nicht einen Teenkreis leite oder Konfi-Unterricht gebe.

Empfehlungen

Vieles von dem, was ich berichtet habe, ist für die meisten vermutlich normal und durchaus bekannt. Und doch habe ich gemerkt, dass man eine Struktur oder Idee nicht nur kennen, sondern auch leben muss, damit sie fruchtet. Wenn man eine Jugendarbeit aufbauen will, dann hängt ganz viel daran, dass man sich mit so vielen Leuten wie möglich auf den Weg macht.

Epilog

Das alles möchte ich meinem Jungscharler erzählen, doch ich weiß, dass es ihn komplett überfordern würde – er ist ja schließlich kein Hauptamtlicher. Also sage ich: „Ich bin EC-Jugendreferent. Das ist einer, der möglichst vielen Menschen von der Liebe Gottes erzählt und sie zu einem Leben mit Jesus einlädt." Der Junge grinst mich an, ruft: „Aha, was spielen wir heute?", und wartet darauf, dass wir anfangen.

Matthias Reinke

EC-Jugendreferent in der Evangelischen Kirchengemeinde Eppingen

3. 1 + 1 = 3 – wenn Jugendliche ihre Freunde in den Blick nehmen

Herbst 2008, unser Verband hat für das Jahr 2009 ein „Evangelistisches Jahr" ausgerufen. Was bedeutet das für unsere Jugendarbeit im Bezirk? Welche genialen Jugendwochen und Aktionen könnten wir starten? Sollten wir in jedem unserer 13 Orte eine Jugendwoche durchführen? Die Motivation dafür hielt sich in Grenzen. Stattdessen hatten wir die Idee, unsere Teens ein Jahr lang ganz gezielt dazu zu motivieren, für ihre Freunde in Schule und Nachbarschaft, die noch keinen Kontakt zur Gemeinde und zum Glauben haben, zu beten und sie zu unseren Bezirksjugendtagen einzuladen.

Wir wollten wissen: Was passiert, wenn 200 Jugendliche anfangen zu beten? Was passiert, wenn 200 Jugendliche ihre Freunde zu den Jugendtagen einladen?

Ausgangssituation

Wir sind ein Bezirk mit 13 Orten, in denen jeweils Jugendarbeit stattfindet. Jährlicher Höhepunkt unserer Arbeit sind die „Schmalenberg-Jugendtage" auf einem Hofgut mitten im Wald. Die Jugendtage dauern immer ein Wochenende und werden in der Regel von ca. 180 Jugendlichen besucht.

Zum Startzeitpunkt unserer Überlegungen kam der Großteil der Jugendtagsbesucher aus unseren Kreisen und einem christlichen Umfeld. Die Jugendlichen hatten zwar durch die Schule und sonstige Aktivitäten viele Kontakte zu Nichtchristen, aber die wenigsten kamen auf die Idee, dass es doch genial wäre, wenn ihre Freunde auch etwas von Jesus hören würden. Oder fehlte an manchen Stellen einfach nur der Mut?

Hier wollten wir ansetzen. Wir wollten unsere Jugendlichen dazu motivieren, evangelistisch zu leben und (so) ihre Freunde auf Jesus aufmerksam zu machen.

Idee

Unserer Vorstellung nach sollten die Jugendlichen dafür offen werden, ihre Freunde zu den Jugendtagen bzw. in ihre Teen- und Jugendkreise einzuladen. Die Startidee war, unsere Teens dazu zu motivieren, in Zweiergruppen für jeweils einen Freund zu beten und diesen dann zu den jeweiligen Veranstaltungen einzuladen. Für die Gebetszweiergruppen haben wir uns deshalb entschieden, weil man zusammen mehr Ausdauer hat, etwas durchzuziehen. Die Teens konnten nun zusammen überlegen, für wen sie beten und auf welche Art und Weise sie ihre Freunde einladen wollten. Das Ganze hat so den Namen „1 + 1 = 3" bekommen: Wenn zwei Leute ein Jahr lang für eine dritte Person beten und diese einladen, dann sollte es doch eigentlich möglich sein, dass dieser Mensch auch erreicht wird.

Die Idee wurde in fünf „Phasen" gegliedert:

(1) Die Jugendtage 2008 sollten ein großes Motivationsfest sein. Den Jugendlichen sollte in Workshops, Bibelarbeiten und Seminaren deutlich werden, wie genial es ist, mit Jesus zu leben, und dass es wichtig wäre, wenn ihre Freunde das auch verstehen und Jesus kennenlernen würden.
Während der Jugendtage sollten die Jugendlichen dazu ermutigt werden, ihre Freunde in den Blick zu nehmen und ganz konkret für jeweils einen Freund zu beten. Dafür sollten sie sich in Zweierschaften zusammenschließen, um gemeinsam für einen Freund zu beten.

(2) In den regelmäßigen Kreisen vor Ort sollte danach jede Woche eine bestimmte Zeit zur Verfügung stehen, in der die Teens in ihren Zweierschaften gemeinsam beten konnten.

(3) Damit die ganze Sache nicht im Sand verlief, sollte regelmäßig ein Teenkreisabend auf das Thema „1 + 1 = 3" ausgerichtet sein. Dazu haben wir den Mitarbeitenden in den Kreisen jeweils einen fertigen Stundenentwurf geliefert. Insgesamt haben wir sieben Stundenentwürfe zu verschiedenen Themen aus dem Bereich „Motivation zur Evangelisation" erstellt.
Die Texte und Themen der einzelnen Einheiten waren: (a) 1. Timotheus 2,1-7 – Gott will, dass alle Menschen gerettet werden;

(b) Matthäus 9,35-38 – Jesus hat Mitleid mit den Verlorenen; (c) Römer 3,10-31 – Leben hat Konsequenzen; (d) Matthäus 28,16-20 – Du bist ausgesandt; (e) Matthäus 11,28-30 – Wir müssen das nicht alleine schaffen; (f) Markus 6,7-13 – Jesus sendet dich; (g) Markus 4,26-29 – Was draus wird, ist Gottes Sache.

(4) Nach etwa einem halben Jahr sollten die Teens anfangen, ihre Freunde in ihre Gruppen einzuladen. Die Teenkreise wurden davor dazu ermutigt, spezielle „Einsteigerabende" zu gestalten. Mitarbeitende sollten sich gemeinsam mit den Jugendlichen Gedanken machen, wie das Programm so gestaltet werden kann, dass es ein echt einladender Abend für Neue wird.

(5) Die nächsten Jugendtage (2009) wurden dann vom Grundprinzip als eine evangelistische Veranstaltung geplant. Im Mittelpunkt sollte die einladende Verkündigung stehen.

Erfahrungen

Es hat funktioniert, aber anders, als wir dachten.

Zu den Jugendtagen 2009 kamen tatsächlich mehr Jugendliche, es nahmen etwa 30 Neue daran teil. Darüber haben wir uns gefreut, auch wenn wir uns mehr erhofft hatten.

Heute, fast drei Jahre später, können wir aber etwas Schönes beobachten: Ein Teil der Jugendlichen in unseren Kreisen hat tatsächlich unser Grundanliegen verstanden. Wir haben heute in unseren Gruppen eine deutlich höhere Quote von Jugendlichen, die nicht aus dem Umfeld unserer Gemeinden kommen.

Wie sind diese Jugendlichen in unsere Gruppen gekommen? Nicht aufgrund von besonderen Events, sondern weil sie persönlich eingeladen wurden. Unsere Teens sind mutig geworden, sind losgegangen und haben in der Schule, im Sportverein oder sonst wo ihre Freunde eingeladen.

Benötigte Ressourcen

Eigentlich werden keine besonderen Ressourcen benötigt. Diese Idee kann auch unabhängig von einem besonderen Event wie unseren Jugendtagen stattfinden.

Empfehlungen

Es ist hilfreich, im Vorfeld zu analysieren, mit welchen Jugendlichen man schon unterwegs ist. Diese Idee ist meines Erachtens dann sinnvoll, wenn man vor allem mit Jugendlichen zu tun hat, die schon länger einen Kreis in der Gemeinde besuchen.

Benjamin Geiss
Jugendreferent im Württembergischen Brüderbund, Bezirk Remstal

4. Jugendliche packen das – Jugendarbeit auf dem Weg in die Selbstständigkeit

Eine „Unterhaltung" auf Facebook[1]:

M.K.: Warum sind wir Menschen nur so ... betrinken uns, um unseren Problemen davon zu laufen? Vernachlässigen unsere besten Freunde ... machen anderen das Leben schwer ... aber das sind wir doch eigentlich gar nicht. Nur wieso tun wir es dann?? Ich versteh den Sinn hinter dem Wort Leben einfach nicht.

P.: Wasn los mit dir??? Das Leben kann auch schön sein trotz so mancher Herausforderungen ;-)

M.K. K.A. weiß ich selbst net so genau ... nee leben selbst ist a reine und unbezwingbare Herausforderung an der wir schließlich alle irgendwann scheitern werden ...

Tim: vllt. lebst du nur falsch?

M.K.: was ist deiner Meinung nach richtiges Leben??

Tim: das Leben mit Jesus!

M.K.: hmm nur ich glaub der hat mich verlassen ...

Tim: glaub ich nicht. Bzw. ich weiß, dass es nicht so ist! Gerade wenn wir uns alleine und verlassen fühlen, ist er am meisten da. Weil er in schwachen mächtig ist. Vllt. spürst du ihn jetzt nicht ... aber wenn du nach paar Wochen oder Monaten auf dein Leben zurückschaust, dann wirst du ganz klar Gottes Handschrift sehen. Ging mir schon oft so!!

M.K.: Hmmm

Ausgangssituation

Als ich Tim kennenlernte, war er 15 Jahre alt und noch nicht lange mit Jesus unterwegs, aber mit jeder Menge versteckter Begabungen, die in ihm schlummerten. Neben Tim gab es auch andere Teenager und Jugendliche in ähnlicher Situation. Allen gemeinsam war, dass sie nicht viel Erfahrung in Sachen Jugendarbeit hatten und großen

---

1 Die fehlerhafte Orthografie und der umgangssprachliche Ton entsprechen dem Originalgespräch und wurden absichtlich beibehalten.

Respekt davor, vor Freunden zu Jesus zu stehen oder „Neue" in die Jugendarbeit einzuladen. Meine Aufgabe lautete: in drei Jahren mit Gottes Hilfe eine CVJM-Arbeit aufzubauen, die sich selbst trägt. So sieht es das Konzept des CVJM Bayern, das sich MissioPoint nennt, vor. Gearbeitet habe ich im Team mit zwölf Jugendlichen und ein paar Erwachsenen, die im Hintergrund bleiben wollten.

Idee

Wenn der Hauptamtlichen (oder erfahrenen Ehrenamtlichen) bewusst ist, dass es in absehbarer Zeit ohne sie gehen muss, dann heißt das Folgendes: nicht nur selbst predigen, sondern es jungen Mitarbeitenden beibringen; nicht nur selbst Evangelistin sein, sondern auch andere dazu anleiten; nicht selbst alles organisieren, sondern gezielt diese Aufgaben abgeben.

Erfahrungen

Wie ist es passiert, dass aus Tim ein Evangelist wurde? Einer, der nicht nur auf Facebook, sondern auch im Beruf und in seiner Freizeit ungezwungen und fröhlich auf Jesus hinweist? Ehrlich gesagt: Ich glaube, das war 100 Prozent Jesus. Tim ist Jesus gefolgt, und das hat ihn verändert. Einige der folgenden Ideen könnten dazu beigetragen haben, Tim auf seinem Weg zu fördern:

- Jugendlichen Verantwortung übergeben – und zwar sehr früh;
- sehen, was Jugendliche können, und sie dafür loben;
- Jugendlichen Entwicklungsmöglichkeiten aufzeigen („In zwei Jahren könntest du das Jugendgottesdienst-Team leiten" o.Ä.);
- Jugendlichen dann ihren Begabungen entsprechend Verantwortungsbereiche anvertrauen.

Als ich Jugendliche bat, mitzuarbeiten und Verantwortung zu übernehmen, bekam ich kaum Absagen. Und alle fühlten sich geehrt, dass ihnen jemand etwas zutraut. Diese Entwicklung ging so weit, dass mittlerweile Teilnehmende des Teenagerkreises – vom Mitarbeiterteam begleitet – Verantwortung für ihr eigenes Programm übernehmen. Wichtig ist aber auch, Jugendliche mit der Verantwortung nicht allein zu lassen. Erst war ich die Leiterin und habe mir „Co-Leitungen“ gesucht, die mich unterstützten. Dann habe ich die Co-Leitung übernommen und die ehrenamtliche Leitung unterstützt. Und in der letzten Phase gab es ein Leitungsteam ganz ohne mich. Zusätzlich gab es ca. halbjährlich ein „Mitarbeitendengespräch“, in dem es um persönliche Entwicklung und Entwicklung in der Mitarbeit ging. Außerdem haben wir viele Male gemeinsam gekocht o.Ä. manchmal mit guten Gesprächen, oft auch ohne. Grundsätzlich gilt: Es geht um die Person und nicht um ihre Funktion.

Viele Kollegen erzählen mir von Mitarbeiterkreisen mit 30 Mitarbeitenden und mehr. Ich hatte immer „nur“ zwölf. Über dieses „nur“ war ich oft traurig. Im Nachhinein erkenne ich: Die Mitarbeitergemeinschaft wuchs nicht in die Breite, sondern in die Tiefe. Mittlerweile zählt der CVJM Marktrodach einige junge Evangelistinnen und Evangelisten. Vielleicht war das auch gerade möglich, weil es „nur“ zwölf waren und ich so auch Zeit für Einzelne hatte?

Benötigte Ressourcen

- Zeit: Für die Jugendlichen, um ihnen zu zeigen: Du bist mir meine Zeit wert! (Zeit ist das Wertvollste, was wir zu verschenken haben!)
  Für sich selbst, um wieder zu Kräften zu kommen.
- Geduld: Vieles dauert länger, als ich auszuhalten glaube. Aber ich darf nicht vorausrennen, sondern muss mit meinen Jugendlichen das gleiche Tempo gehen.
- Gebetsunterstützung: Da Jesus der ist, der am meisten bewirkt, ist das Gebetsteam das Wichtigste von allen.
- Mentoring: Ich habe den Anspruch, eine gute Mentorin für die Jugendlichen zu sein. Um das sein zu können, benötige auch ich Mentoring. So können Konflikte und Enttäuschungen, die die Arbeit mit sich bringt, aufgearbeitet werden.

Empfehlungen

Lieber eine schlechte Erfahrung einstecken, als Jugendlichen zu spät Verantwortung übergeben! Sie werden sich bewähren. Sie werden an ihrer Verantwortung wachsen und über Gott und sich selbst ins Staunen kommen.

Isabell Radler
Bis 2010 CVJM-MissioPoint-Sekretärin in Marktrodach
EC-Landesjugendreferentin im Süddeutschen EC-Verband

5. Predigen und predigen lassen

Ich predige gerne! Als Bild des Predigers hat sich in meinem Kopf seit meiner Ausbildung an der Evangelistenschule Johanneum ein Vers aus dem Jesajabuch eingegraben. Das Bild der „Freudenboten, die Frieden verkündigen, Gutes predigen und Heil verkündigen" (Jesaja 52,7; LUT), fasziniert mich. Es ermutigt und fordert mich gleichzeitig heraus.

In den letzten Jahren hat sich dieses Bild für mich erweitert. So gerne ich zum Predigen eingeladen werde und die Gelegenheiten wahrnehme, um zu predigen, gibt es noch etwas Schöneres: zu erleben, wie junge Menschen selbst zu solchen „Freudenboten" werden.

Natürlich ist es einfacher und in vielen Gemeinden gerne gesehen, wenn man einen Experten einlädt, einen schönen Abend hat und dann alles so bleibt, wie es war.

Wie wäre es, wenn aus der oft trägen Zuhörerschaft eine bunte Gruppe von Freudenbotinnen und Freudenboten werden würde? Wie würde das unsere Gemeinden, Jugendkreise und Gottesdienste verändern?

Ein postmodernes Credo heißt: „Was nicht in Beziehungen geschieht, geschieht gar nicht!" Für mich gehört es zum Schönsten und ich denke auch zum Effektivsten, das Mehr an Arbeit auf sich zu nehmen und mit einzelnen Jugendlichen die Verkündigung vorzubereiten. Es ist spannend, mit den Jugendlichen in ihre Lebenswelt einzutauchen, zu diskutieren, den Kontext von damals und heute zu bearbeiten, um dann die Botschaft zu verkündigen. Jugendliche werden zu Freudenboten, die in ihrer Sprache ihre Altersgenossen ermutigen und herausfordern. Sie entwickeln sich zu Verkündigerinnen und Verkündigern, die hinterher nicht in der Ferne abtauchen, sondern das Gesagte glaubhaft in ihrem Alltag leben und zu Jesus stehen.

Biblisch ist diese Lebensweise eines Evangelisten allemal. Wie spannend wäre es, hinter die Briefe des Paulus zu schauen und die jungen Mitarbeitenden besser kennenzulernen, die wir leicht überlesen: Julia, Titus, Tryphäna, Timotheus, Phöbe, Johannes Markus und noch viele andere. Paulus investierte in sie, damit sie die Freudenboten der nächsten Generation wurden.

Erfahrungen

Ein Jugendlicher aus meiner Arbeit, Daniel, hat in mehreren Jugendgottesdiensten moderiert. Nach einer Weile ermutigte ich ihn, einen Teil der Predigt selbst zu übernehmen. Im Gespräch fanden wir heraus, was er auf dem Herzen hatte und den Jugendlichen weitersagen wollte. Das Vorbereitungsteam schlug das Lied „Crazy" von *Simple Plan* vor. Damit stand auch der Titel des Gottesdienstes fest. Daniel und ich trafen uns, um Ideen für die Predigt zu sammeln und zu strukturieren. Ein paar Tage vor dem Gottesdienst gingen wir seine Predigt durch. Einzelne Punkte wurden diskutiert, und schon war es Samstagabend. Nach der Begrüßung legte die Jugendgottesdienste-Band los. Vor über 120 Jugendlichen predigte Daniel über die Verrücktheit dieser Welt und den Gott, der diese Welt nicht aufgibt, sondern sie verändern will – und zwar durch jeden Einzelnen. Bei den anschließenden Pray-Stations konnte dieser Aufruf in die Praxis umgesetzt werden.

Benötigte Ressourcen

Zeit und Liebe für die „Freudenboten" der nächsten Generation.

Empfehlungen

Unbedingt ausprobieren! Jugendliche haben Potenzial. Es kommt darauf an, es zu entdecken. In unserem Jugendkreis steht die Vermittlung von Bibelkenntnis an erster Stelle. Jugendliche werden ermutigt, ihre Fragen zu stellen und Meinungen zu vertreten. Wichtig ist es, Jugendliche zu motivieren, selbst Stellung zu beziehen und mit ihrem Leben auf Jesus hinzuweisen, indem sie z.B. einen Impuls im Jugendkreis weitergeben, beim Anspiel oder in der Moderation mitwirken und vielfältig im Jugendgottesdienst auch verbal aktiv sind. Man kann Jugendliche gewinnen, Teile der Predigt oder die ganze Predigt zu übernehmen. Eine gemeinsame Vor- und Nachbereitung ist dazu unerlässlich.

Bernhard Körner
Jugendreferent im CVJM Freudenstadt e.V.

6. Mit jungen Erwachsenen in der Großstadt zusammenleben – 18 plus in unterschiedlichen sozialen Milieus erreichen

CVJM-Arbeit ist von ihrem Ursprung her Junge-Erwachsenen-Arbeit – begonnen 1844 in London unter Lehrlingen mit George Williams. In Nürnberg startete 1898 ein Militärpfarrer die CVJM-Bewegung mit einem Bibelkreis für junge Soldaten.

Über ein Jahrhundert erreichte der CVJM Nürnberg in Wellenbewegungen mal mehr, mal weniger Menschen der Altersgruppe 18 plus. Ende der 80er-Jahre kam es zu einer Krise. Viele der engagierten jungen Erwachsenen gründeten eine Freikirche und verließen den CVJM. In den Jahren darauf wurde das Hauptaugenmerk auf den Aufbau einer gesunden, geistlichen Mitte im Verein gelegt. Aus dieser heraus konnten wir mit einer Handvoll junger Erwachsener im Jahr 2005 neu in der 18-plus-Arbeit durchstarten.

Heute freuen wir uns über ein vielfältiges Leben von jungen Erwachsenen in diversen Gruppen, Projekten und Freizeiten, mit denen wir die unterschiedlichsten sozialen Milieus erreichen. Junge Erwachsene prägen inzwischen maßgeblich den gesamten Verein. 70 der 210 CVJM-Mitarbeitenden sind heute zwischen 18 und 30 Jahre alt.

Keine Idee, sondern die Sehnsucht steht am Anfang!

Eine 18-plus-Arbeit steht und fällt mit Menschen, die eine Sehnsucht danach haben, die Generation zwischen 18 und 30 Jahren mit dem Evangelium von Jesus Christus zu erreichen. Aus dieser Sehnsucht heraus haben wir folgende Erfahrungen gemacht:

Misstraue Patentrezepten!

Sie funktionieren nicht. Die Ausgangssituationen sind zu unterschiedlich: Stadt/Land, Ausbildungs- und Berufschancen, Mitarbeitende, Räume, Atmosphäre, Geschichte. Jede 18-plus-Bewegung muss einen eigenen Weg finden. Zu empfehlen ist, über den Teller rand hinauszuschauen und sich einen Coach suchen, der einen auf dem Weg begleitet.

Augen auf für die, die schon da sind!

Schnell werden junge Erwachsene übersehen, da sie nicht in eigens sogenannten 18-plus-Gruppen organisiert sind, sondern in der Sportgruppe, im Posaunenchor oder als Mitarbeitende im Kinder- und Teenagerbereich. Sie sind der Ausgangspunkt für alle Überlegungen. Gleichzeitig ist es sinnvoll, nach jungen Christen zu suchen, die durch die Ausbildung in die Stadt gekommen sind, aber noch keinen festen Kontakt zu einer christlichen Gemeinschaft haben.

Anfangen!

Wir haben nicht mit einer ausgearbeiteten Konzeption begonnen, sondern mit wenigen Überlegungen einfach losgelegt. Die jungen Erwachsenen spürten dabei, Teil eines größeren Ganzen zu sein, das gerade entstand. Dies war viel wichtiger als ein langwieriger Prozess mit gekonnten Zielformulierungen. Mit einem Abendessen bei uns zu Hause ging es los. Die schlichte Frage lautete: Was muss sich am CVJM verändern, damit er ein Ort wird, wo sie als junge Erwachsene mit ihren Freunden hingehen würden?

Schnell kamen Ideen auf den Tisch, die wir gemeinsam zeitnah umgesetzt haben: einen Arbeitskreis Theologie, eine Fußballgruppe, Partys und ein Netzwerk, um etwas gemeinsam zu unternehmen.

Anknüpfen bei den Leidenschaften!

Wir haben nicht nur geschaut, was andere machen oder was möglich ist, sondern vor allen Dingen darauf gehört, wo jeder seine Leidenschaften hat. Und so entstand z.B. eine Trekkinggruppe rund um Outdoor-Begeisterte oder eine Volleyballgruppe um eine Praktikantin, die selbst leidenschaftlich gerne Volleyball spielte. Dies waren dann Selbstläufer, da über die eigenen Freundeskreise schnell andere dazukamen.

Rückendeckung und Partizipation!

Wichtig war die Ermutigung durch die Vereinsleitung. Dazu gehörte auch, dass der Vorstand junge Erwachsene als eigene Zielgruppe und nicht nur als Mitarbeitende in der Kinder- und Jugendarbeit wahrgenommen hat. Mehr noch: Wer junge Erwachsene erreichen will, muss sie bis in die Entscheidungsebene hinein mitwirken lassen.

Soziale Milieus!

Nie haben wir uns das Ziel gesetzt, alle Milieus zu erreichen. Wir haben dort angesetzt, wo wir selbst herkommen. Doch durch die Sportarbeit, die Kooperation mit einer Azubi-Jugendsozialarbeit, einem Sprachinstitut für Migranten und unserer „Lounge“ als offener Kulturarbeit entwickelte sich über die Jahre ein milieuübergreifendes Programm.

Ziel im Blick behalten!

Bei allen Entwicklungen blieb das Ziel maßgeblich, junge Erwachsene mit Jesus Christus in Verbindung zu bringen. Dazu braucht es dringend unterschiedliche „Räume“: niederschwellige (wie z.B. Sport oder eine Party) und vertiefende (wie z.B. Gottesdienste, Glaubenskurse und Hauskreise). Diese dürfen nie gegeneinander ausgespielt werden, sondern sie sollten sich ergänzen.

Was darf es uns kosten?

Mit „kosten" ist nicht nur Finanzielles gemeint – dies aber auch! Am Anfang stehen die Bereitschaft und das Gebet für Veränderung. Dies fängt damit an, Mitarbeitende freizusetzen, um sich für junge Erwachsene engagieren zu können. Ob ehren- oder hauptamtlich – zuerst muss jemand von Aufgaben in anderen Bereichen entlastet werden, damit sie/er etwas Neues beginnen kann. Das kann auch ein lieb gewonnenes Projekt kosten. Bei uns hieß das, dass 18 plus ganz oben auf die Agenda gesetzt wurde und ich als leitender Sekretär in meiner Dienstanweisung als Hauptauftrag „Junge Erwachsene" bekam. Es bestand allerdings die Gefahr, dass andere Arbeitszweige geschwächt werden könnten, obwohl noch nicht sicher war, ob die 18-plus-Arbeit überhaupt Erfolg hätte.

Ebenso musste sich mit den jungen Erwachsenen gemeinsam vieles Sichtbare Stück für Stück verändern: Unser Haus und die Öffentlichkeitsarbeit haben sich unter maßgeblicher Beteiligung der jungen Erwachsenen deutlich verändert. Sie sprechen die Sprache, die bei anderen aus ihrer Altersgruppe verstanden wird.

Links

Übersicht der Aktivitäten für 18 plus im CVJM Nürnberg:
www.cvjm-kornmarkt.de
18-plus-Starterbox (EJW Württemberg):
www.ejwue.de/junge-erwachsene/upload/starterpaket.pdf
Umfangreiche Materialsammlung: www.18plus.cvjm.de

Michael Götz
CVJM-Sekretär im CVJM Nürnberg-Kornmarkt

7. Gastfreundliche Gemeinde – Körpersprache des Glaubens

Ausgangssituation

Kirchen gehören in unserem Land zu den ältesten Bauten in den Dörfern und Städten. Sie sind gebaut als Gottesdienstorte, als geistliche Räume, als Orte des Glaubens. In Kirchen wird gelobt und geklagt, geweint und auch gelacht, gesungen und geschwiegen, gebetet und gestaunt. In Kirchen wird viel geredet! Es gibt allerdings viele Kirchen, die nur sonntags genutzt werden, und das nicht einmal regelmäßig. Der wunderbare Kirchenraum will jedoch vielfach genutzt werden.

Die Kirche und die Gemeinde, zwei Ebenen der Körpersprache des Glaubens, als Ausdrucksform einer gastfreundlichen Gemeinde – nicht gedruckt und doch sichtbar: die Kirche als erkennbare Visitenkarte der Gemeinde.

Idee

Wenn Gemeinde und Gemeinschaft sich öffnen, dann wird es Veränderung geben. Räume werden (um-)gestaltet, Menschen begegnen anderen Denkweisen. Es gilt, Schritte zu gehen: sich Menschen zu öffnen, Veränderungen und Berührungen zuzulassen. Türen öffnen heißt, frische Luft hineinzulassen und verbrauchte Luft herauszulassen. Auch Angst vor Zugluft darf man nicht haben, jedoch soll es nicht kühl werden.

Wir wollen Menschen einladen: zum Glauben und in die Nachfolge Jesu. Hierzu braucht es Kreativität.

Ein Kirchenraum – ob gotisch, romanisch oder aus dem 20. Jahrhundert – ist ein durchbeteter Raum. Das gilt bei der gottesdienstlichen Feier und zu jeder anderen Zeit. Deshalb werden Kirchen verlässlich geöffnet (www.offene-kirchen.de) und von den Gastgebern einladend gestaltet. Hier ist nicht ein „Mehr" gemeint, sondern ein aufgeräumter, freundlicher und einladender Raum. „Du bzw. Sie sind willkommen!" ist die nonverbale Botschaft. Gastgebende Christen aus der Gemeinde unterstützen den Raum in seiner Ausstrahlung und seiner Bestimmung: Kirche als Bethaus!

Erfahrungen

Menschen suchen gern und gezielt Kirchenräume auf. Alltags wie sonntags kommen sowohl Gemeindeglieder als auch touristische Gäste in offene Kirchen. Eine Untersuchung hat gezeigt: Viele verweilen 15 bis 30 Minuten, einige auch bis zu 45 Minuten im Kirchenraum. Die Hauptmotive sind das Gebet, die Stille, die Raumatmosphäre für die Besucherinnen und Besucher, die durchschnittlich 40 bis 45 Jahre alt sind.

Phänomenal ist die Feststellung, dass ca. sechs bis sieben Mal mehr Menschen außerhalb der Gottesdienste unsere Kirchen besuchen. Es wurden neun Motivationsebenen identifiziert:

1. Bildungsinteresse:
   Kultur, Studienreisende, Kunstschätze, Architektur.
2. Kirche als Erfahrungs- und Erlebnisraum:
   Menschen finden Ruhe und Stille. Es ist ein Ort, um Leben und Erfahrungen zu teilen. Raum, Harmonie und Schönheit sind erfahrbar.
3. Religiöse und spirituelle Wünsche:
   Schweigen, Gebet, Betrachtung, Sorgen, Leid usw. Häufig kommen solche Menschen allein.
4. Aktuelles:
   Fukushima, Unglück, Krieg – Ort zum Kerzenaufstellen. Halt finden bei äußerem Chaos.
5. Spiritueller Tourismus:
   Tourismuswirtschaft reagiert und bietet spirituellen Tourismus als Teil des Erlebnistourismus an.
6. Kirche als Raum für Alternativen:
   DDR-Kirchen. Orte der freien, unzensierten Rede.
7. Biografische Anknüpfung:
   eigene Taufe, Hochzeit, Hochzeit der Eltern usw.

8. Einfach nur so:
   Besonders die Bildungsbeflissenen kommen mit aufgeschlossener Neugierde in Kirchen nach dem Motto: „Mal sehen, wie es da aussieht." Bei Kindern ist das ähnlich: Neugierde, Interesse und Entdeckenwollen.
9. Passanten:
   Citykirche – mal vorbeigehen ... vom Markt ... und Atem holen.

Diese Suchmotive können im Kirchenraum aufgenommen werden. Das, was gesucht wird, ist da. Oder es kann mit kleinen Impulsen aufgenommen werden. Installationen wie Kunst im Kirchenraum sind hier nicht gemeint und können eher kontraproduktiv wirken.

Was passiert nun im Kirchenraum, wenn Menschen ihn besuchen? Gäste

- finden Ruhe, um zu sich zu kommen.
- zünden eine Kerze an: für sich oder auch für einen anderen Menschen.
- sprechen ein Gebet oder notieren es auf einem Zettel.
- erfahren Stille.
- genießen Abkühlung in einem heißen Sommer.
- freuen sich über eine Toilette.
- sind glücklich über ein gutes Bibelwort.
- lesen gern die Informationen zur Kirchengemeinde und der Kirche.

Benötigte Ressourcen

Menschen sind bei Gott Gäste. Sie sind als Gäste Gottes Gastgeber für Gemeindeglieder und Tourismus. Gemeinden öffnen die Kirchentür weit – Gäste sind willkommen. In diesem Fall schauen die Gemeindeglieder ab und zu „zu Hause" mal vorbei, wer sozusagen „zu Besuch" ist. Dieses Format gelingt in vielen kleinen Dörfern. Nebenbei gehen die Gemeindeglieder viel häufiger in ihre Kirche. Sie werden vertrauter mit ihrem Haus Gottes.

Vielerorts sind Willkommenskreise und Kirchenöffnerteams tätig. Sie bilden für Gäste die sichtbare Gemeinde und sind als lebendige

Gemeinde wahrnehmbar. Es gelingt häufiger, zum Gottesdienst einzuladen.

Kosten entstehen: Ehrenamtliche müssen „gepflegt" werden durch Fortbildungen, Feste usw. Gegebenenfalls erhöhen sich die Reinigungskosten, die in der Regel mit erhöhten Spenden zu kompensieren sind. In vielen Gemeinden werden Kerzen angezündet. Vielerorts wird mit den Einnahmen des Kerzenverkaufs ein kleiner oder auch ein großer Teil der Stellen mitfinanziert.

Empfehlungen

Der Kirchenraum ist ein öffentlicher Raum, anvertraut den Menschen, der Kirchengemeinde im Ort, der Stadt. Er ist ein Erbe, anvertraut für die nachfolgende Generation. Es gilt, alles zu tun, damit die jetzige und die nachfolgende Generation einen Zugang zu Kirchen und Glauben gewinnt. Wie soll das geschehen, wenn Kirchenräume nur mal zwei Stunden in der Woche geöffnet sind? Einen Laden, der nur zwei Stunden offen hat, besuche ich nicht, ich kann mir die Öffnungszeit nicht merken. Verlässlich offen meint eine Selbstverständlichkeit. Öffnet eure Kirchen – zum Wohl der Menschen und zum Lob Gottes!

Glaubensraum Kirche – einladend offen!

Kirchen sind keine Museen und sollen es auch nicht werden. Gott wirkt an vielen Orten, vielleicht und hoffentlich besonders in Kirchen. Die Kirche ist nicht der Ort, an dem Gott wohnt – auch wenn diese Vorstellung manchmal hilfreich ist. Die Kirche ist der Ort, an dem Menschen zusammenkommen, um Gott zu loben, Jesus nachzufolgen und dem Geist Raum zum Wirken zu geben – das geht überall, aber in der Kirche ist dieses verdichtet wahrnehmbar. Da gelingt Gottesdienst im Alltag. Kirche offen – so heißt es. Anteil haben am Leib Christi, das wird für viele auf diesem Wege einladend möglich. Ein deutliches Zeichen einer einladenden Gemeinde ist der gestaltete Kirchenraum. Schön und einladend – eben eine Visitenkarte, die sich sehen lassen kann.

Klaus Stemmann
Diakon und leitender Referent der Missionarischen Dienste der Evangelisch-lutherischen Landeskirche Hannovers

8. Seniorenarbeit in der Kirchengemeinde Bad Bergzabern

Das Alter ist für mich kein Kerker, sondern wie ein Balkon, von dem man zugleich weiter und genauer sieht.

Marie Luise Kaschnitz[2]

Ausgangssituation

Anfang 2001 begann die Pfälzische Landeskirche Strukturen aufzubauen, um auf den demografischen Wandel der Gesellschaft zu reagieren.

Die erste Stelle für Seniorenreferenten wurde in der kleinen Kurstadt Bad Bergzabern eingerichtet. Die Einwohnerzahl wies damals schon einen signifikanten Anteil an Ruheständlern (ca. 34 Prozent) auf. Ende 2001 trat ich die Stelle des Seniorenreferenten an. In Zusammenarbeit mit der Erwachsenenbildung erarbeitete ich das Konzept für eine selbstverantwortete Seniorenarbeit.

Idee

Ziel war es, Jungsenioren (ab 55 Jahre) zu gewinnen, die ihr Wissen, ihre Erfahrung und ihre Zeit einbringen für Menschen im dritten Lebensalter. Es entstand die Projektgruppe „Umschwung" aus acht Jungsenioren. Wir nahmen uns ein Jahr Zeit, Ideen zu sammeln, Kontakte zu knüpfen, Themen zu benennen und entwarfen eine Reihe von Projekten. Die ersten vier Jahre waren eine Zeit des Aufbruchs.
Mit Dekan und Pfarrern war abgesprochen, dass die Zielrichtung zur Gewinnung neuer Mitarbeitender nicht in die kirchlichen Bereiche gehen sollte, sondern es sollten Menschen angesprochen werden, die kirchenfern oder auch konfessionslos waren. Wir initiierten eine lokale Pressearbeit. So entstand in der Kirchengemeinde Bad Bergzabern eine Ehrenamtsbörse von ca. 30 Personen, die größtenteils aus kirchenfernen Bürgern bestand und bis heute noch besteht. Das Anliegen, ältere Menschen mit den jeweiligen Angeboten zu begleiten, verband uns.

---

2 aus: Marie Luise Kaschnitz: Orte. Aufzeichnungen, © 1991 Insel Verlag, Berlin.

Die Aufgabe des Hauptamtlichen besteht in der Organisation der Projekte und in der Begleitung der Mitarbeitenden. Es entstanden folgende Projekte:

- Erzähl-Café
- Schreibwerkstatt
- Französisch für Anfänger (wegen der Nähe der französischen Grenze)
- PC-Kurs
- Kochen für Senioren
- Entspannung für Senioren (Qigong)
- Gesprächskreis für pflegende Angehörige
- Schulung für ältere Verkehrsteilnehmer
- Barrierefreie Stadt; Rollstuhlbegehungen in der Stadt
- Seniorenbüro als Anlaufstelle für Seniorenfragen
- Einkaufsfahrten für Senioren
- Besuchsdienst
- Intergenerative Projekte (Konfirmanden, Kindertagesstätte)

Die Inhalte der einzelnen Arbeitsfelder bestimmt der Jungsenior selbst. Die Organisation übernehme ich, das heißt meine Aufgaben als Hauptamtlicher sind: Pressearbeit, Finanzquellen erschließen, Räume belegen und Begleitung der Projekte.

Um diese Arbeit aufzubauen, ist Netzwerkarbeit nötig. Es wurden Kontakte hergestellt zu Organisationen und Behörden der Stadt bzw. des Kreises, aber auch zu Wohlfahrtsverbänden und Pflegeeinrichtungen. Zum Beispiel kann eine Schulung im Verkehrswesen nicht ohne die Polizei vor Ort gelingen. Oder: Die Schreibwerkstatt war vor allem deshalb möglich, weil ein Buchhändler mitmachte und entsprechende Literatur vorhielt.

Es ist eine wesentliche Aufgabe des Hauptamtlichen, diese Netzwerkarbeit zu gestalten.

Es gibt einen Schatz zu heben

Nie zuvor in der Geschichte der Menschheit erreichten Menschen ein so hohes Lebensalter; nie zuvor dauerte die Ruhestandsphase so lange; nie waren Senioren besser ausgebildet; nie waren Senioren finanziell so gut gestellt; nie war der Gesundheitszustand so positiv.

Das bedeutet: Eine Kirchengemeinde vor Ort kann mit klaren organisatorischen Strukturen attraktiv sein für Ruheständler. Sie selbst entscheiden über die Zeit, die sie bereit sind einzubringen. Sie selbst entscheiden über die Themen, die sie bearbeiten wollen. Sie selbst entscheiden über sich selbst, sind nicht mehr abhängig von Arbeitgebern oder Aufsichtsräten. Wahrlich eine goldene Zeit!

„Seelsorge ist auch, wenn ich den Senioren den Zugang zum Internet zeige." Diesen Satz sprach ein Senior, der die PC-Kurse leitete. Er ist über die beglückende Arbeit wieder Mitglied der Kirche geworden. Auch über die Grenzen der Kirchengemeinde hinaus schlug das Projekt Wellen. Sowohl im kirchlichen Bereich als auch im kommunalpolitischen Umfeld wird die Arbeit bis heute beachtet und findet Nachahmer. Die Kirchengemeinde trat mit diesem Ansatz heraus aus dem betreuenden, pastoralen Denken.

Selbstbestimmt, aktiv und wertgeschätzt will die neue Generation der Senioren einbezogen werden in die Arbeit der Vereine und Kirchengemeinden.

Empfehlungen

Es gilt, die Ressourcen zu sichten, die jede Kirchengemeinde hat, und diese entsprechend zu nutzen. Hier einige Beispiele:

Die Küchen, die in den Gemeindehäusern eingerichtet sind und oft nur wenig genutzt werden, könnten für eine Kochgruppe ideal sein. Räume in den Gemeindehäusern könnten von Senioren nachmittags oder am frühen Abend genutzt werden, beispielsweise für Seniorensingen. Computerräume der Schulen oder Banken, die am frühen Abend frei sind, könnten für den nächsten Senioren-PC-Kurs in Anspruch genommen werden.

Mit solchen oder ähnlichen Angeboten kann eine Kirchengemeinde oder ein Verein attraktiv sein für Senioren.

Gerhard Moser

Diakon und Seniorenreferent in Bad Bergzabern

9. Demenz ist kein Hindernis – Glauben wecken und stärken im Altenheim

Sie ist recht neu auf dieser Station. Ich sehe sie meistens, wenn sie mit dem Rollator unterwegs ist. Ständig ist sie auf der Suche, wo denn Menschen sind, die sie jetzt nach Hause bringen sollen. Sie kann kaum fünf Minuten still sitzen. Mitbewohner und Personal sind erschöpft von ihrer Unruhe, ihren Fragen, die nicht mehr im Hier wurzeln.

Sie sieht, was auf dem Boden bereitet wird: Schiefersteine, ein Korb voller Teelichter, eine große Kerze, ein Kreuz. Musik – das führt sie zurück in ein Zuhause mit musikalischem Vater. Lichter werden der Reihe nach in unserem Kreis entzündet: für Sigrid, Gerda, Emil … Und dann knie ich vor ihr, Anna. „Dieses Licht zünde ich für dich an, Anna. Anna, diese Kerze brennt für dich, neben der Christus-Kerze steht das Licht von dir, Anna.“ Da richtet sie sich auf, schaut sich um und sagt klar und deutlich: „Das bin ich! Bin ja ganz gerührt … dass das da stehen kann!“ Und sie bleibt noch zehn Minuten länger sitzen.

Ausgangssituation

Das Evangelium kann viele Menschen erreichen in Institutionen für ältere Menschen. Nicht nur Bewohner, sondern auch das Personal und Angehörige bewegen sich dort und werden eingeladen, innezuhalten. Bei den heutigen Altenheimen handelt es sich mehr und mehr um Pflegeheime. Dort sind ca. 70 Prozent der Bewohner an seniler Demenz erkrankt. Solche Patienten haben zwar nachlassende Kräfte in Körper und Sinn, aber klare emotionale Antennen. Lebensthemen in ihrer Situation sind der Kampf um Kontrolle im Strudel der Krankheit, existenzieller Schmerz im Nachlassen der Kräfte und der Verlust von bekannten Beziehungen.

Der Mensch ist ein lernendes Wesen, auch im Altern, es dauert bloß länger. Auch der senile Mensch kann ein neues Ritual oder eine neue Liturgie er-leben und er-lernen, besonders wenn sie wiederholt werden. Wenn wir als Kirche Kindertaufe praktizieren, Krabbelgottesdienste veranstalten und Gott bekennen als den, der nicht unseren Intellekt verlangt, sondern unser Sein anspricht, müssen wir auch

Menschen am Ende des Lebens zu Jesus einladen. In Institutionen ist es besonders wichtig, auf den Rahmen der Einladung zu achten. Kurz gesagt: Das Evangelium soll verkündigt werden, wenn nötig, auch mit Worten.

Idee

Das Kerzenritual eignet sich in seiner klaren Symbolkraft, Dunkles in meinem Leben zu bannen. Gesehen zu werden, beim Namen genannt und an meinem Platz im Licht des Kreuzes bekräftigt zu werden, zeigt Glauben als die Handlung, durch die ich Gemeinschaft mit Jesus erleben möchte.

Der Raum wird bereitet, mit der Christus-Kerze als Zentrum. Ein einfaches Lied eröffnet das Kerzenritual. An der großen Kerze, am Christus-Licht, werden Teelichter entzündet. Jede anwesende Person wird dabei mit Namen genannt und für sie wird ein Licht entzündet. Jemand vom Personal kann mit Namen der anwesenden Bewohner aushelfen, falls nicht alle der Person bekannt sind, die das Ritual durchführt. Auch die Pfleger werden genannt. Danach kann man für die Abwesenden Lichter entzünden, sowohl für Bewohner als auch für das Personal. In dieser Form beten wir weiter für Kinder und Enkel, Gesundheit, Frieden in unserer Welt usw. Es ist wichtig, hier offen zu sein für die lokale Frömmigkeitstradition – passt hier das Vaterunser? Oder ein Bibelwort? Oder die Losung? Am Ende wird alles elektrische Licht gelöscht. Wir sitzen nur im Kerzenschein und lauschen einem Musikstück.

Erfahrungen

Musik ist ein wunderbarer Türöffner. Immer wieder sehen wir, dass diejenigen, denen die Worte abhandenkommen, Liedtexte singen können und sie somit ihren eigenen Wortschatz wieder aktivieren. Dieses Kerzenritual garantiert, dass sich der Einzelne gesehen und gehört fühlt und in seinem Dasein bekräftigt wird. Versöhnt werden unter dem Kreuz, dicht neben der Christus-Kerze lassen sich diese Dinge annehmen. Hier ist es möglich, sich als Kind Gottes geliebt zu wissen: „Denen aber, die ihn aufnahmen (...), gab er das Recht, Gottes Kinder zu werden" (Johannes 1,12).

In Institutionen erreicht man immer mehr als die Anzahl der Betten! Das Personal lässt sich auch einladen und bekommt hier eine Form der Spiritualität angeboten, die Raum gibt für ihr Leben außerhalb der Arbeit. Personal und Angehörige können ihre Erfahrungen mit dem Kerzenritual weitertragen.

Benötigte Ressourcen

- Pflastersteine, Schieferplatten oder Spiegel o.Ä.
- große Kerze für das Christus-Licht, Teelichter
- jemand vom Personal
- Musik (live oder von einer CD)
- evtl. Liedblatt/Liturgie

Fakten zur Demenz – was man wissen sollte

- Altersdemenz kommt in verschiedenen Formen vor, als Hauptdiagnose oder Zusatzdiagnose, evtl. periodisch verstärkt bei Austrocknung usw. Die deutlichsten Kennzeichen sind
  - * Gedächtnisverlust, u.a. herabgesetzte Orientierung;
  - * Persönlichkeitsveränderungen, z.B. ängstlich, aggressiv, misstrauisch;
  - * neurologische Veränderungen, z.B. motorische Unruhe.
- Die emotionale Intelligenz der Patienten wird nicht von der Krankheit angegriffen! Emotionale Intelligenz bleibt intakt oder wird sogar noch schärfer im Krankheitsverlauf. „Ich krieg' hier nichts zu essen, die lassen mich hier hungern" im

Angesicht des reich gedeckten Tisches im Haus des Sohnes ist z.B. Ausdruck dafür, dass sich die Dame nicht von der Schwiegertochter willkommen fühlt und merkt, dass sie eine Last ist und wenig Liebe bekommt. Für unsere Arbeit heißt das: Unsere innere Intention, mit der wir Patienten begegnen, wird durchschaut und bleibt bis zum Ende klar – auch wenn die Sprache nicht mehr da ist.

- Wenig Worte, viel Zeit und physische Nähe sind ein guter Ausgangspunkt.
- Generell ist Arbeit mit den Sinnen wichtiger als Worte allein: Lavendelgeruch, ein Tierpelz, heiße Würstchen, Musik von Lilli Marleen sind gute Wege, dem unsicheren Menschen Orientierung zu bieten.
- Ich habe erstaunlich gute Resultate mit klarer Körpersprache erzielt: Einen Knicks oder Diener machen, den Hut abnehmen, sich immer niedriger setzen als der Patient sind gute Grundregeln.

Heide Thorsen
Diakonin der lutherischen Kirche in Norwegen

10. Begegnung „am Rande"

In der Bahnhofsmission hörte ich irgendwann, dass es sonntags immer einen „Gottesdienst" gab: Frühstücksgeschirr wurde abgeräumt und ein Radio aufgestellt, um die Gottesdienstübertragung zu verfolgen. Zugestandenermaßen kam mir das vor wie eine Mischung aus Mut und Zumutung. „Ich hätte Lust, hier einen Live-Gottesdienst anzubieten", offerierte ich der Leiterin. So startete ich einmal im Monat mit Gitarre und Liederzetteln einen Gottesdienst. Es sang anfangs keiner mit, aber die Knie ließen erkennen, dass der Rhythmus ankam. Inzwischen – nach fast immer denselben Liedern – beteiligen sich die Gäste am Singen. Der Gottesdienst lebt von der unmittelbaren Nähe, von Zwischenrufen und Gegenargumenten während der Predigt. Herzerfrischend.

Ein Jahr später haben wir auch bei der Bahnhofsmission am Bahnhof Zoo mit einem Gottesdienst begonnen, der mit einem anschließenden Frühstück verbunden wurde, bei dem es dann ausgiebig Zeit für Gespräche gibt.

Auf meine direkte Frage an die Mitarbeitenden einer Wohnungslosentagesstätte, ob hier ein Pastor gebraucht werde, kam die ebenso direkte Antwort: „Nee, nich wirklich! – Aber jemand, der die Dart-Gruppe wiederbelebt und betreut!" Ich musste nur kurz überlegen, denn das wäre ja wohl die ideale Chance für Kontakte: „Ja, mach ick!"

Die Freude der Besucher war groß, ich war gelehriger Dartschüler, Kontakte waren erstaunlich schnell geknüpft, Berührungsängste mit einem leibhaftigen Pastor gab es nicht.

Ein knappes Jahr spielte ich Dart, bis ich fragte: „Würdet Ihr auch mal in einen Gottesdienst gehen?"

„Nee!"

„Und wenn ich ihn halte?"

„Jooh. Wo machste denn Gottesdienst?"

„Hier!"

„Wat denn: Hier? Wann denn? Wie denn?"

„Na, ich dachte mir einmal im Monat, freitagnachmittags, so mit Kaffeepause und Kuchen dazwischen."

Rita hatte Feuer gefangen: „Ick back 'n Kuchen." Und Lothar bot sich an, Kaffee zu kochen. So entstand ein kleiner Gottesdienst außerhalb der regulären Öffnungszeiten, bei denen sich Lothar zusehends zum Küster entwickelte, einen Altartisch aufbaute, Kerzen und eine Decke besorgte. Manchmal waren wir nur vier Personen. Dann gestaltete ich den Gottesdienst als Gesprächsrunde, die meist sehr lebendig wurde.

Ich melde mich beim Pflegepersonal in der Krankenstation für Obdachlose, um mit den Mitarbeitenden zu überlegen, ob und in welcher Form ich mich als Pfarrer einbringen könnte. Die Patienten verbringen – so höre ich – die meiste Zeit des Tages im Fernsehraum. Wir entwickeln einen Einladungszettel: „Jeden Freitag um 15 Uhr zweites Programm: Pfarrer statt Fernsehen!"

Es ist Freitag, ich komme in den Fernsehraum, vier Patienten sitzen gleichmäßig verteilt in Sesseln und Sofas, der Fernseher läuft.

„Kann ich ausschalten?", frage ich.

„Mmh!"

Ich setze mich. Ein Patient schimpft brummelnd über Ärzte, Schwestern und überhaupt alles. Auf meine vorsichtigen Erkundigungen hin kommen keine Reaktionen. Was tun? Eine Schwester bringt eine Thermoskanne mit Kaffee. Wir füllen uns die Becher und verteilen uns wieder im Raum. Schweigen.

„Es muss ja von Herzen kommen", sagt jemand hinter einem von der Hand verdeckten Gesicht. Wen meint er? Mich? Pfarrer generell?

Ich zögere, überlege, sage dann: „Es gibt Pfarrer, bei denen kommt es von Herzen."

Pause. Keine Reaktion. Dann – immer noch hinter der vorgehaltenen Hand: „Meine Oma war ja ganz fanatisch. Immer mit Bibel und so. Gottesdienst und so."

Schweigen. Soll ich etwas sagen? Was soll ich sagen? Ich mache Andeutungen aus dem Leben meiner Oma: „War auch so. Ganz fromm. Aber echt."

Keine Reaktion. Ein Schluck Kaffee. Dann hinter der Hand: „Früher war ja super: Krippenspiel und Christenlehre."

„Kommste aus der DDR?", frage ich spontan. Da kommt mein Gegenüber hinter der Hand vor und nimmt mich ins Visier. Das ging daneben, denke ich, voll ins Fettnäpfchen. Wie komm ich da wieder raus? „Ich hab nur Christenlehre gehört. Das gab's im Westen nicht", versuche ich eine Art Rechtfertigung.

Das Gesicht verschwindet wieder hinter der Hand. Dann höre ich: „Bin von Rügen."

Ich atme tief durch. Das ist gerade noch mal gut gegangen. Dann wieder Schweigen. Die anderen drei bleiben total stumm. Ich denke: „Die haben genug vom Pfarrer" und verabschiede mich bis zum nächsten Freitag. Ich überlege, was das jetzt gerade war. Unsicherheit bleibt zurück. Was ich noch nicht wusste: Diese erste Begegnung mit Charlie sollte zu einer langjährigen, vielfältigen, lockeren Beziehung werden, in der er mir viel aus seinem Leben anvertraut hat.

Am nächsten Freitag sind alle Sessel belegt, als ich den Fernsehraum betrete, ein Film läuft, ich kenne niemanden. Ich habe das Gefühl, mir den geballten Ärger der Gruppe zuzuziehen, wenn ich jetzt den Film unterbreche. Also setze ich mich zu einer Gruppe am Couchtisch, die sich mit Kreuzworträtseln beschäftigt. Nach einer Weile biete ich eine Lösung an: „Hier passt Lazarus hin."

„Dass du det weeßt, is doch klar."

„Wieso?"

„Na, du bist doch der Pfarrer."

„Woher weißt du das? Wir kennen uns doch gar nicht."

„Na, steht anne Tür: 15 Uhr Pfarrer!" Wir rätseln noch eine Weile, dann verabschiede ich mich.

Am folgenden Freitag dasselbe Bild: voller Fernsehraum, ein Film läuft. Unerwartet werde ich aus meiner Zögerlichkeit herausgerufen. Einer der Rätselfreunde vom vergangenen Freitag sagt laut: „He Leute, Fernseher aus, der Pfarrer is da, jetze is Beten anjesagt."

So kommt es zur ersten Andacht rund um den Couchtisch, aus der sich ein regelmäßiges Angebot entwickelt hat. Um nicht einfach ein Programm umzufunktionieren, sondern ein freiwillig besuchtes Angebot zu machen, habe ich den Fernsehraum aufgegeben und dafür eine andere Nische gefunden. Hier war ich regelmäßig anwesend, um für einen kleinen Kreis entweder kurze Andachten zu halten oder für Einzelne zum Gespräch zur Verfügung zu stehen. Immer wieder hat das Pflegepersonal die Patienten auf die Möglichkeit, mit mir als Pfarrer zu reden, hingewiesen und viele Kontakte vermittelt.

Das Telefon klingelt. Ein Sozialarbeiter aus einer Einrichtung für betreutes Wohnen in einer Gruppe fragt: „Kannst du Oskar beerdigen?"

„Ja, natürlich."

„Es gibt da aber ein Problem."

„Und?"

„Oskar ist nicht mehr da."

„Was heißt das?"

„Eine Schwester hat den Leichnam bereits nach Bielefeld überführen lassen. Und jetzt konnten alle seine Kumpel nicht mehr Abschied nehmen. Dazu brauchen wir eine Trauerfeier, und um es gleich zu sagen, das muss so richtig mit Kapelle und Talar und so sein, da legen die Wert drauf." Wir vereinbaren ein Gespräch. Ich brauche ein paar Lebensdaten zu dem wenigen, was ich aus persönlichen Begegnungen mit Oskar weiß. Die Kumpel kommen in unsere Stadtmissionskapelle, ich halte einen Trauergottesdienst mit den üblichen Gebeten und Formeln und einer Andacht – nur ohne Oskar. Für die Zeit nach der Trauerfeier haben die Sozialarbeiter liebevoll den auch sonst üblichen Imbiss vorbereitet.

Das war der Start zu einem besonderen Engagement für Bestattungen obdachloser Menschen, für die sich kein Angehöriger um eine Bestattung kümmert, um eine würdevolle schon gar nicht. Sehr oft wurde ich in den sechs Jahren in diesem Arbeitsfeld von Sozialarbeitern in Beratungsstellen, Wärmestuben und Wohnprojekte gerufen, um einem Verstorbenen diesen letzten Dienst zu tun. Ich habe dabei immer Wert darauf gelegt, mit den Kumpeln ins Gespräch zu kommen, sie zur Beisetzung einzuladen und abzuholen oder in einem Wohnprojekt einen Abend zum Thema Tod anzubieten. Zu den Gesprächen kamen sie manchmal, zur Beerdigung meist nicht. Da kam ihnen der Tod zu nahe. So stand ich oft mit einem oder zwei Sozialarbeitern einsam am Grab. Aber weniger wollte ich nicht tun. Erschütternd ist es schon, nach welchem Muster das abläuft: Es gibt keine Urne, nur die Blechdose, von Blumen ganz zu schweigen; eine anonyme Bestattung ist es sowieso, aber auch eine Feier in der Trauerhalle gibt es nicht, stattdessen sagt der Urnenträger Bescheid, dass wir anfangen können. Nachdem ich das einmal hinter mir hatte, erzwinge ich vom Friedhofspersonal, die Urne wenigstens für die Aussegnung vor den Altar zu stellen.

Manfred Herbrechtsmeier

2004-2010 Obdachlosenseelsorger in der Berliner Stadtmission
seit 2010 Pastor in der Seelsorge- u. Beratungsstelle FOYER an der Kaiser-Wilhelm-Gedächtniskirche, Berlin

3. Punktuell

11. Versuch's mal mit Gemütlichkeit oder: *Baff sein und Baff bleiben*

Sicher kennen alle den bekannten Dschungelbuchsong „Versuch's mal mit Gemütlichkeit"!

Gemütliche Jugendarbeit, das scheint ja an sich schon ein Widerspruch zu sein, oder? Obwohl ich noch nicht sehr lange in der Jugendarbeit tätig bin, merke ich doch: Wenn ich ganz gemütlich bin, dann geht tatsächlich vieles wie von ganz allein. Wenn ich meine Sorgen loslasse, nicht alles selbst perfekt machen will, dann erst fange ich an, auf Gott zu vertrauen und auch den anderen in meinem Umfeld, ehrenamtlichen Mitarbeitenden und Jugendlichen, etwas zuzutrauen.

Bei der Frage, was ich in Sachen Jugendarbeit besonders gut kann, ist mir aufgefallen, dass ich besonders ganz jungen Teens schon sehr viel zutrauen kann. Ich traue ihnen zu, dass sie viele Sachen kreativer, gelassener und sinnvoller lösen als ich, dass sie selbst die besten Workshopleiter und Leute für eine Andacht sind und dass sie manchmal selbst am besten wissen, was gerade für sie dran ist.

Ausgangssituation

In meiner Arbeit im Schulclub der Mittelschule Kodersdorf bei Görlitz habe ich viele Gelegenheiten, diese Begabung auszuleben. In einem Nebengebäude der Schule haben wir eine Art Schülercafé gemeinsam mit 15 Schülern aus den 9. und 10. Klassen gegründet. Dort ist täglich von 9 bis 16 bzw.19 Uhr geöffnet; es gibt Snacks, Spiele, Aktionen und ab und zu auch Nachhilfe und Hausaufgaben. Das ist sicherlich nichts Neues und auch bei uns im „Osten" noch unter dem alten Titel „Hort" völlig gängig. Relativ revolutionär fanden die Eltern und Lehrer jedoch, dass bei uns fast alles in der Hand der mitarbeitenden Schüler liegt und wir diese auch Mitarbeitende nennen, nicht Helfer!

Anfangs wollte ich noch viele meiner eigenen Ideen in Ferienaktionen und Nachmittagsangeboten verpacken in der Hoffnung, dass viele Schüler mitmachen. Bald habe ich aber festgestellt, dass die besten Aktionen die sind, die die Schüler entweder selbst vorschlagen oder bei denen sie verantwortliche Aufgaben übernehmen. Schnell hatten wir einen großen Stamm von Jugendlichen, die Mitarbeitende im Schulclub werden wollten, und von jungen Erwachsenen, die mal Mitarbeitende waren und inzwischen in einer Ausbildung sind. Sie alle wollten Teil von etwas „Gutem" werden, sein und bleiben.

Hinzu kamen die Jugendlichen aus christlichen Gemeinden, mit denen wir uns einmal in der Woche noch vor dem Unterricht um 7 Uhr zur Andacht und zum Beten trafen. Sie hatten den starken Wunsch, dass ihre nicht christlichen Mitschüler Jesus kennenlernten.

Idee

Damit war bald die Idee geboren, eine kleine „jugendevangelistische Woche" zu starten. Sehr klein konnte sie natürlich bei der schon recht großen Zahl an jugendlichen Mitarbeitenden nicht bleiben. Zunächst haben wir uns mit den Jugendlichen aus den Gemeinden ein Wochenende lang getroffen, Ziele besprochen, Themen für die einzelnen Tage überlegt und ausgemacht, welcher Jugendliche zu welchem Thema abends predigen sollte. Dann begann eine intensive Zeit, in der wir mit den einzelnen Jugendlichen die Predigten vorbereiteten, ihnen Mut machten und beistanden. Dazu habe ich mir den Jugendevangelisten der Region mit ins Boot geholt.

Bei einem weiteren Treffen mit den übrigen Mitarbeitenden haben wir passend zu den Themen Workshops und Bereiche überlegt, für die jeweils ein, zwei oder drei jugendliche Mitarbeitende Verantwortung übernahmen (Bar, Technik, Moderation, Logistik, Sumoringen, Kreativecke, Wellnessbereich, Sporthalle, Breakdance-, Band-, Theater-, Kochworkshop, Nachtwanderung). Außerdem haben die Jugendlichen den Titel „Baff sein …" über das ganze Projekt gestellt.

Erfahrungen

Und so haben wir dann auch schon wenige Wochen später mit unseren selbst gesprayten Flyern und Plakaten für die zweite Herbstferienwoche zum „Baff sein ..." eingeladen.

Mit den Jugendlichen, die predigten und moderierten, schlugen wir in der Kirchgemeinde für diese Woche ein Lager auf: unsere

„Base". Hier haben wir übernachtet, zusammen gegessen, vorbereitet, gebetet und gelebt. Alle anderen Mitarbeitenden kamen jeweils um 13.30 Uhr in die Aula der Mittelschule zum Auswerten und Vorbereiten dazu. Erstaunlich war, dass im Laufe der Woche immer mehr Eltern ins Boot kamen, die uns entweder mit Essen in unserer „Base" oder mit kleinen Diensten im Hintergrund (z.B. Toilettenputzen in der Aula) unterstützt haben.

Jeweils um 16 Uhr öffneten sich die Türen. Die Jugendlichen wurden begrüßt, die verschiedenen Workshops vorgestellt und anschließend gab es die „Workshop-Time". Nach dem Abendessen um 18.30 Uhr war es Zeit für ein großes Programm, bestehend aus einem Warm-up-Spiel durch die Moderatoren, Musik von der Band, Vorführungen mancher Workshops, Theater und natürlich der Predigt. Es war unglaublich, wie ca. 100 Jugendliche still dem lauschten, was ihnen ein Mitschüler von seinem Leben und Glauben erzählte.

Bereits am zweiten Tag waren alle Prediger der Meinung, wir sollten die Möglichkeit schaffen, auf das Gesagte zu reagieren und in einem anderen Raum für sich beten zu lassen. Auf kreative Weise ließ sich jede Predigerin eine Art „Aufruf" einfallen. So hat z.B. das Mädchen, das über die Frau am Jakobsbrunnen gepredigt hat, ein Tablett mit Wassergläsern hingestellt und angeboten, wer möge, könne sich ein Glas nehmen und in den Raum nebenan gehen, mit Mitarbeitenden (größtenteils natürlich selbst Jugendlichen) reden und gemeinsam beten. Sie hatte es kaum gesagt und die Band hatte sich noch nicht wieder auf der Bühne eingefunden, da waren die Gläser auch schon alle weg und ein paar Mitarbeitende mussten schnell Nachschub holen. So eine Resonanz habe ich selten auf meine Predigten erhalten.

Die anderen Abende verliefen ähnlich. Ein Mädchen aus der 10. Klasse, die mit Pentagramm und umgedrehtem Kreuz um den Hals eher zu der schwarzen Clique auf dem Schulhof gehörte, kam auch an jedem Abend. Unter Tränen hat sie ihr Leben Jesus anvertraut und erschien am nächsten Tag ohne jeglichen Halsschmuck. Ich fragte verwundert, ob ihr jemand gestern Abend gesagt habe, dass sie das alles jetzt nicht mehr tragen dürfe. Sie verneinte. Sie wisse zwar noch nicht so viel über den Glauben an Jesus, aber sie habe sofort gespürt, dass das jetzt vorbei sei.

Ebenso wie dieses Mädchen wussten auch viele andere noch nicht viel über den Glauben an Jesus. Deshalb haben wir im Anschluss einen Teenie-Glaubenskurs („Emmaus: dein Weg mit Gott") unter dem Titel „Baff bleiben ..." angeboten.

Später kamen in der Schule zwei Mädchen aus der 7. Klasse auf mich zu und fragten, ob sie da auch mitmachen könnten, obwohl sie nicht bei „Baff sein..." dabei gewesen seien. Jetzt seien nämlich fast alle ihre Freunde Christen und sie wüssten nicht so genau, wie man das werden könne.

Das alles war ein riesiges Geschenk für mich. Ohne dass ich irgendetwas forciert hätte, hat Gott uns einfach beschenkt.

Empfehlungen

Ich glaube, wir sollen Leuten etwas zutrauen, weil Jesus es ihnen zutraut. Wenn ich mir die Geschichte von Zachäus oder der Frau am Jakobsbrunnen angucke, dann sehe ich darin, wie Jesus ihnen die Gelegenheit gegeben hat, etwas für ihn zu tun. Und daraus ist jeweils ganz viel gewachsen.

Inzwischen haben wir diese „Baff"-Woche schon dreimal durchgeführt, immer mit anderen Schwerpunkten und Highlights, aber das Grundkonzept ist gleich geblieben. Jedes Jahr wurden es mehr und mehr Mitarbeitende. Zuletzt waren es 46 Mitarbeitende bestehend aus Schülern, ehemaligen Schülern, Eltern und Freunden.

Ich versuche immer, den Eltern Aufgaben zu geben, die die Schüler nun wirklich nicht allein erledigen können, wie z.B. Fahrer beim Heimfahrservice zu sein. Alles andere dürfen und sollen die Teens ganz allein leiten. Es kostest mich manchmal Überwindung, so viel aus der Hand zu geben, und manches läuft auch schief. Aber es lohnt sich!

Sabine Schnabowitz
CVJM-Jugendreferentin in Kodersdorf

12. Heimatfilm *Sielminger Geschichten* – Jugendarbeit bewegt etwas!

Ausgangssituation

Im Jahr 2006 starteten wir in unserer Jugendarbeit eine Jahresaktion unter dem Motto „Jugendarbeit bewegt etwas". Dafür hatten zu Beginn des Jahres alle Jugendkreise 50 Euro als Startkapital erhalten. Die Aufgabe bestand darin, das Geld durch selbst erdachte Aktionen innerhalb eines Jahres für einen guten Zweck zu vermehren. Grundlage und Motivation für die Jahresaktion war die biblische Geschichte von den anvertrauten Pfunden (Lukas 19,11-27).

Idee

Ein Jugendkreis hatte eine besonders innovative Idee und drehte innerhalb weniger Wochen einen „Heimatfilm" mit dem Titel „Siel-

minger Geschichten". Die DVD wurde damals in kurzer Zeit 350 Mal verkauft und kam so gut an, dass die Aktion seitdem jährlich wiederholt wird. So gibt es inzwischen fünf Teile der Sielminger Geschichten und die Auflage ist auf über 600 Stück angestiegen.

Die DVDs zeigen jeweils ca. 30 kurze, humorvolle Szenen mit Jugendlichen und Erwachsenen aus Sielmingen. Schauspieler sind ortsbekannte Persönlichkeiten wie Pfarrer, Rektoren, Handwerker, Geschäftsleute, Vereinsvorstände, Jugendliche aus unserer Jugendarbeit und viele andere. Das macht die Filme für eine breite Öffentlichkeit interessant. Im Bonusmaterial werden die Angebote der Jugendarbeit der Evangelischen Kirchengemeinde vorgestellt und beworben. Seit zwei Jahren gibt es auch eine öffentliche Premiere, in der der neue Film vorgestellt wird.

Erfahrungen

Das Filmprojekt hat viele positive Auswirkungen:

- Jugendliche bringen sich mit ihren Begabungen ein und sehen, dass sie etwas bewegen können.
- Unterschiedlichste Menschen werden gewonnen, mitzuhelfen und etwas Gutes zu tun.
- Die Jugend- und Gemeindearbeit wird jährlich in der Adventszeit zum Ortsgespräch und hat dadurch einen großen Imagegewinn.
- Es entstehen viele Kontakte zwischen Christengemeinde und Bürgergemeinde, die dann an anderer Stelle wieder genutzt werden können.
- Es wird „Ortsgeschichte" geschrieben.
- Durch den DVD-Verkauf konnten in den letzten fünf Jahren über 13 000 Euro für christliche Projekte gesammelt werden.

In Sielmingen ist das Filmprojekt inzwischen eine Art „Kult" geworden. Die beteiligten Personen machen gerne mit und fühlen sich meistens „geehrt", wenn man sie für eine Rolle anfragt. Absagen bekommen wir sehr selten. Es ist eher anders herum: Manche sind enttäuscht, wenn sie nicht gefragt werden.

Viele Familien sitzen an den Weihnachtsfeiertagen mit ihren Verwandten zusammen und schauen gemeinsam die aktuellen Sielminger Geschichten an. Die DVDs werden in die USA und nach Australien verschickt zu Menschen, die ihre Wurzeln in Sielmingen haben.

Benötigte Ressourcen

Um ein derartiges Filmprojekt zu starten, braucht es zunächst ein paar Menschen, die sich für die Idee begeistern lassen. Es ist gar nicht entscheidend, dass man den Film gleich in hoher Qualität herstellen kann. Unser erster Teil war mit einer privaten Handkamera gedreht und wurde mit einem einfachen Videoschnittprogramm auf ganz niedrigem Niveau erstellt.

Das eigentlich Besondere am Film ist nicht die Qualität, sondern die Originalität. Je mehr „Einheimische" mitmachen, desto besser. Für die Auswahl der Szenen braucht man etwas Fingerspitzengefühl. Es muss eine Art von Humor sein, bei der niemand ausgelacht und vorgeführt wird. Das ist nicht immer einfach, denn was der eine noch lustig findet, geht dem anderen unter Umständen schon zu weit.

Um Verstimmungen vorzubeugen, haben wir zu Beginn des Films einen Hinweis gegeben und geschrieben: „Wir weisen darauf hin, dass wir nicht den Anspruch erheben, mit allen Szenen genau den Geschmack des Publikums zu treffen. Falls Ihnen einzelne Gags zu derb sind, dann sehen Sie es der Jugend bitte nach. Sie sind jung und brauchen das Geld – für einen guten Zweck!"

Empfehlungen

Bei der Internetplattform „YouTube" (www.youtube.com) kann man unter dem Suchbegriff „Sielminger Geschichten" einzelne Szenen anschauen, um einen Eindruck vom Projekt zu bekommen.

Tobias Leiser

Jugendreferent in der Evangelischen Kirchengemeinde Filderstadt-Sielmingen

13. Zwei in eins – Konfirmierte gestalten mit

Konfirmanden und Freizeiten – ein Thema, über das man ein eigenes Buch schreiben könnte. Sowohl Thriller als auch Drama oder Kitschroman wären denkbar, um zu beschreiben, wie Konfirmandenfreizeiten ablaufen können. Vom „Horrortripp“ bis „Best time of my life“ ist wohl alles vertreten – für Mitarbeitende wie auch für Konfirmandinnen und Konfirmanden.

In vielen Gemeinden führt das Phänomen „Konfifreizeit“ jedoch tatsächlich dazu, dass Konfirmanden Lust auf Mitarbeit bekommen – und wo? Ja, natürlich wollen sie gern mit auf Konfirmandenfreizeiten!

Pädagogisch noch recht unerfahren und gruppendynamisch immer in der Gefahr, einfach ein zweites Mal als Teilnehmende dabei zu sein, birgt dieses Mitarbeiterpotenzial seine ganz eigenen Herausforderungen. Ein Konfirmandenteam in Ofterdingen (bei Tübingen) hat dieses Potenzial in gute Bahnen gebracht.

Ausgangssituation

Dieses Modell entstand in der Kirchengemeinde aus einer „schönen Not“ heraus: Zwölf Konfirmandinnen und Konfirmanden vom Vorjahr waren so begeistert von der Konfirmandenfreizeit, dass sie den Diakon fragten, ob sie als Mitarbeitende zur Konfirmandenfreizeit des neuen Jahrgangs mitdürften. Da jedoch erfahrungsgemäß ein Jahr Altersabstand die Jugendlichen dazu verleitet, sich selbst wie auf einer Freizeit zu fühlen, anstatt pädagogische Verantwortung zu übernehmen, kam das eher nicht infrage. Sie nicht mitzunehmen, wäre jedoch fatal gewesen: Jugendliche, die von sich aus Interesse bekunden, sollten auch eine Möglichkeit zur Mitarbeit haben.

Idee

So entstand die Idee, zwei Freizeiten zu kombinieren: eine für die Konfirmanden und eine für die Konfirmierten. Schließlich sind ja die konfirmierten Jugendlichen offiziell religiös mündig. Einige Programmpunkte wurden in großer Runde gemeinsam gestaltet, Mahlzeiten gemeinsam eingenommen. Den Rest der Zeit, während die Konfirmanden ihr Programm hatten, bereiteten die Konfirmierten unter Anleitung einiger älterer Mitarbeitenden den Sonntagsgottesdienst vor.

Die Konfirmanden hatten als Thema für ihre Freizeit „Abendmahl", sodass dieses auch im Gottesdienst am Sonntag im Mittelpunkt stand.

Erfahrungen

In einer ersten Einheit klärten wir mit den Konfirmierten den Gottesdienstbegriff. Interessant hieran war, wie festgefahren deren Vorstellungen waren. Sie hatten eigentlich keine Lust, einen Gottesdienst zu gestalten, da sie dachten, sie dürften nur – wie gewohnt – bestimmte Elemente als Helfer füllen, jedoch nicht von Grund auf neu denken und gestalten. So haben wir zuerst einmal geklärt, was alles möglich ist: Es muss kein Psalm vorgelesen werden – aber vielleicht finden wir ein aussagekräftiges Lied zum Thema Versöhnung. Es muss auch keine Schriftlesung geben – aber wir können uns ein kleines Theaterstück zum Thema ausdenken. Eine Predigt, die kein Konfi versteht? Lieber lassen wir eine Jugendliche ihre Gedanken zum Thema „Versöhnung und Gott" sagen. Einer betet und alle anderen schweigen? Das muss nicht sein – wir können auch Zettel verteilen, auf die jeder das schreibt, worum er Gott um Verzeihung bittet. Und anschließend können wir diese Zettel verbrennen, um deutlich zu machen: Gott vergibt und trägt nicht nach.

Die Gestaltung des Raums und das Basteln einer kleinen Erinnerung an diesen Gottesdienst übernahmen gerne einige Kreative, die weniger Wert darauf legten, im Gottesdienst etwas zu sagen oder gar zu spielen. Die Lieder suchten wir aus Liederbüchern der Jugendarbeit aus. Sie bieten eine große Auswahl an Texten mit modernen Melodien, wenngleich auch hier manche Texte für Jugendliche schwer verständlich sind.

Ein leidenschaftlicher, ergebnisoffener Prozess nahm seinen Lauf. Es wurde in Kleingruppen gedacht und in MP3-Playern nach passenden Liedern gesucht. Gefunden wurden die *Toten Hosen* („Der letzte

Kuss") und *Die Ärzte* („Deine Schuld") – zeitgemäße Lieder mit bewegenden Texten. Die Jugendlichen hatten Begeisterung entwickelt und setzten sich für diesen Gottesdienst ein – weil es ihr eigener war, weil er für die Konfirmanden war.

Für die Verantwortlichen ist es natürlich aufregend: Wird alles zusammenpassen? Wird trotz moderner Elemente eine feierliche, dem Gottesdienst angemessene Stimmung aufkommen? Wird die junge Predigerin ihre guten Gedanken anschaulich vortragen können?

Gibt man Jugendlichen Verantwortung für den Kern des Gottesdienstes, kann man sich nie sicher sein, was letztlich dabei herauskommt. Ich habe allerdings die Erfahrung gemacht, dass es sich lohnt, den religiös mündigen Jugendlichen etwas zuzutrauen und ihnen Freiraum zu verschaffen.

Dieses Konzept war für alle ein Gewinn. Für die Jugendlichen, weil sie neu über Formen und Inhalte von Gottesdiensten nachdenken. Für die Konfirmanden, weil sie erleben, dass Gottesdienst auch ganz anders sein kann und dass Menschen ihres Alters einen Gottesdienst leiten wollen und können. Für die Erwachsenen, weil es eine große Horizonterweiterung ist und man die Vielfalt der Gestaltungsmöglichkeiten noch einmal ganz neu erlebt. So können wir erkennen, dass Jugendliche religiös mündig sind und eigene spirituelle Zugänge zur Gottesdienstpraxis finden können.

Benötigte Ressourcen

Von großer Wichtigkeit sind genügend erfahrene Mitarbeitende, die Jugendliche anleiten und mit ihnen die Bedeutung der einzelnen Gottesdienstelemente herausarbeiten, damit alle wissen, was von ihnen erwartet wird.

Ansonsten benötigt man ein ausreichend großes Freizeithaus, in dem die beiden Gruppen parallel ihre Einheiten durchführen können.

Für die Konfirmierten gab es genau wie für die Konfirmanden ein erlebnispädagogisches Angebot (Kletterwand und Nachtgeländespiel), um auch für sie ein gemeinschaftsstärkendes Programm zu

bieten, das ihnen einfach Spaß macht und sie für die geleistete „Arbeit“ belohnt.

Die Mitarbeitenden benötigen Lust auf Neues und den festen Glauben daran, dass in konfirmierten Jugendlichen christliche Überzeugungen stecken, die sie auf ihre Art und Weise weitergeben können.

Empfehlungen

Wenn die Jugendlichen zu Beginn Ideen haben, die uns „Routinechristen“ allzu abenteuerlich erscheinen, sollten wir sie trotzdem erst einmal machen und entwickeln lassen, um nicht sofort jede Innovation im Keim zu ersticken. Natürlich dürfen zu gegebener Zeit die einzelnen Elemente kritisch überprüft werden – auf Stimmigkeit zum Gesamtkonzept, auf theologische Lehre, auf Qualität. Dies sollte jedoch nicht nur durch einen Mitarbeitenden, sondern durch die Gruppe geschehen.

Dieses Konzept wurde in Ofterdingen nun schon zweimal erfolgreich und gewinnbringend umgesetzt – und begeistert Konfirmandinnen und Konfirmanden wie Mitarbeitende.

Sabine Herwig

Bezirksjugendreferentin im Evangelischen Jugendwerk Tübingen

14. *Move it* – Ausbildung von jungen Mitarbeitenden für eine bewegende Arbeit mit Kindern und Jugendlichen

Gemeinde und christliche Werke sind eine Bewegung! Das können sie sein, weil Gott selbst in ihnen wirkt und weil junge Menschen mit am Werk sind, die innovativ, kreativ, aktiv, begeistert und begeisternd sind. Die uns anvertrauten jungen Menschen kommen mit Körper, Geist und Seele zu unseren Veranstaltungen und müssen auch in diesen Bereichen gefordert und gefördert werden.

Der Lebensstil der Kinder und Jugendlichen in Deutschland hat sich seit den 80er-Jahren stark geändert. Heute sind etwa 20 % von ihnen übergewichtig, bei 7 bis 8 % liegt bereits eine Adipositas (krankhafte Fettleibigkeit) vor. Weiterhin problematisch ist, dass 85 % dieser Kinder auch als Erwachsene mit Übergewicht zu kämpfen haben werden.

Falsch erlernte Ernährung, Fehlhaltungen und mangelnde Bewegung bzw. Bewegungsanreize, zu viel sitzende Tätigkeiten wie Computerspiele oder Fernsehen, zu statischer Unterricht in der Schule, Auto statt Fahrrad fahren oder zu Fuß gehen usw. haben schwerwiegende Folgen. Sie haben dazu geführt, dass die Ausprägung von Beweglichkeit, Gleichgewicht, Ausdauer sowie die Fähigkeit zur Entwicklung körperlicher Kraft bei Kindern und Jugendlichen stark abgenommen haben.

Wir haben als christliche Werke eine Verantwortung, dem entgegenzuwirken und zur Gesundheit der Kinder und Jugendlichen beizutragen, sodass sie mehr Möglichkeiten zur Bewegung erhalten und Freude daran entwickeln. Über den Sport lassen sich viele junge Menschen auch mit dem Evangelium erreichen.

Dazu brauchen wir gut ausgebildete Mitarbeitende, die andere für Bewegung, Sport und die gute Botschaft begeistern können. Eine Form dieser Ausbildung ist *Move it*.

Einordung von Move it in das (Sport-) Ausbildungskonzept

Wie viele Landesverbände des Deutschen Sportbundes bietet auch der CVJM-Westbund Lehrgänge für die Übungsleiter-C-Lizenz/Breitensport für Sportlerinnen und Sportler ab 17 Jahren an.

Der Landessportbund (LSB) NRW investiert in die Nachwuchsförderung und hat in 2010 sein Konzept für die Schulung der Übungsleiterhelferinnen und -helfer (ÜL) überarbeitet, das in Kooperation mit und an Schulen durchgeführt wird. In NRW werden ca. 5 000 Sporthelferinnen und -helfer jährlich an weiterführenden Schulen ausgebildet.

Bis zu zwei Basismodule der ÜL-C-Lizenz lassen sich mit der klassischen ÜL-Helferschulung ersetzen. Je nach Konzept kann mit zusätzlichem Erste-Hilfe-Kurs (16 Lehreinheiten) auch die Jugendleiter-Card erlangt werden.

Um junge Mitarbeitende für die christliche Gemeinde-/Verbandsarbeit zu gewinnen und ihnen Verantwortung zu übertragen, eignet sich die Idee der *Move it*-Übungsleiter-Assistenten-Schulung. Sie umfasst ca. 23 Lerneinheiten à 45 Minuten und entspricht einer „Kurzschulung" im Konzept des LSB. Auch hiermit ließe sich ein Basis-Modul für die ÜL-C-Lizenz anrechnen.

Eine mögliche Einordnung in bzw. Kompatibilität von *Move it* zum Konzept des LSB wird noch diskutiert. Eine sinnvolle Einordnung in das Mitarbeiterschulungskonzept des CVJM-Westbundes wird ebenfalls angestrebt.

Für die Maßnahme können Zuschüsse beim LSB beantragt werden. Zertifiziert wird die Schulung mit einer eigenen Teilnahmeurkunde. Wichtiger als der Schein ist jedoch auf alle Fälle der Inhalt.

Der CVJM-Westbund führte die Schulung erstmalig 2011 im Rahmen von „cvjm bewegt" – einer Initiative des deutschen CVJM – durch.

Zielgruppe von Move it

Jugendliche/Mitarbeitende ab 14 Jahren, die Interesse an bewegender Kinder- und Jugendarbeit haben. Sinnvoll ist eine Gruppenstärke von bis zu 30 Teilnehmenden und 3 bis 4 Mitarbeitenden/Trainerinnen bzw. Trainern.

Inhalte der Schulung

- Ideen zur Umsetzung einer bewegten und bewegenden Vereinsarbeit
- Erleben und Entwickeln von kre-aktiven Spiel- und Bewegungsformen sowie Sporttrends
- kleine Ausdauerspiele mit Ablenkungscharakter
- Psychomotorik, motorische Entwicklung des Kindes
- Crash-Kurs Sportmedizin, Erste Hilfe, Trainingslehre, Aufsichtspflicht
- Sportgruppenleitung und Übungsstundenaufbau
- zielgruppenorientiertes Arbeiten
- eigene Körpererfahrung, sportliches Erleben, Teamwork
- Kennenlernen und Testen der Bewegungsinitiative des deutschen CVJM „CVJM bewegt"
- bewegende Verkündigung erleben

Die Inhalte lassen sich variieren und es können ein Folgewochenende oder -tage geplant werden. Man kann Schwerpunkte setzen, z.B. in Bezug auf spezielle Zielgruppen vor Ort, Sporttrends, Teambuilding, Erlebnispädagogik, Outdoor-Aktivitäten, Wassersport usw. Die Teilnehmenden werden motiviert, später die komplette ÜL-C-Lizenz zu absolvieren. Dies ist eine nachhaltige Investition in die Sportarbeit mit jungen Menschen.

Durchführung

An einem Wochenende (Freitagabend bis Sonntagnachmittag) werden die Themen mit guter Abwechslung von Theorie und Praxis in ca. 23 Lerneinheiten durchgeführt. Die Schulung ist sowohl in einer Gemeinde/CVJM vor Ort sowie auf regionaler Ebene durchführbar.

Material/Lokalität

Sinnvoll ist natürlich eine Sporthalle bzw. ein Sportplatz, jedoch ist auch ein Gemeindehaus mit großem Saal oder Wiese denkbar. Viele Mitarbeitende in der Jugendarbeit haben keine Sporthalle zur Verfügung. Daher ist es umso wichtiger, dass sie Ideen bekommen, wie sie mit weniger Platz dennoch Bewegung in ihre vorhandene Jugendarbeit bringen und neue Formen entwickeln können.

Als Schulungsunterlagen erhalten die Teilnehmenden eine Mappe mit Schreibsachen, Skript sowie ein „Sport-Starter-Pack“ mit z.B. Trillerpfeife, Ball, Springseil, Sportspielebuch o.Ä.

Carolin Kumm
Sportreferentin im CVJM-Westbund

15. Gute Gastgeber sein … mit dem *Tortenmittwoch*

Wer Menschen für Jesus Christus begeistern möchte, der sollte eine praktische Qualität mitbringen, die unerlässlich ist: Er muss gastfreundlich sein. Menschen einzuladen und teilhaben zu lassen an der Gemeinschaft in unseren kirchlichen Gruppen und Kreisen kann nur dann gelingen, wenn wir diesen Menschen das Gefühl geben: Du bist willkommen!

In der Arbeit des Kreisjugenddienstes (KJD) unseres Kirchenkreises Norden in Ostfriesland leben wir diese Gastfreundschaft seit über einem Jahr auf besondere Art und Weise: durch den monatlich stattfindenden *Tortenmittwoch*. Der Name der Veranstaltung ist dabei Programm. Wenn die Gäste des Tortenmittwochs ins Haus kommen, ist der Tisch festlich gedeckt, fast wie bei einem Geburtstag. Es duftet nach Kaffee und Tee und eine festliche Sahne- oder Joghurttorte wartet darauf, von den Gästen verspeist zu werden.

Seit über einem Jahr erfreut sich unser Tortenmittwoch nun schon wachsender Beliebtheit. Schnell sind alle Plätze belegt und weitere Stühle müssen herangeholt werden. Die festliche Kaffeetafel mit Torte löst bei den meisten Menschen ein Gefühl von Feierlichkeit und Gemeinschaft aus. Und so „fühlt" sich unser Tortenmittwoch auch tatsächlich an. Es wird geredet, viel gelacht, gesungen, Ideen für kommende Aktionen werden geboren und auch private Verabredungen werden getroffen. Zum Tortenmittwoch gehört ein inhaltlicher Impuls. Dies kann ein Bibelwort, ein Psalm, eine Bibellesung, eine Andacht oder ein Lied sein. Wir nennen diesen Impuls „das besondere Tortenstück". Von diesem Impuls können wir alle zehren und uns dadurch stärken lassen. Diese „Tortenstücke" werden auf der Website des KJD veröffentlicht.

An einer Wand im Haus des KJD hängt eine Torte aus Pappe. Diese Torte erhält mit jedem Tortenmittwoch ein neues Tortenstück mit dem Hinweis auf den Impuls, der an diesem Mittwoch gegeben wurde.

Die Gäste unseres „Tortenmittwochs", in der Regel Mitarbeitende der Evangelischen Jugend, erfahren in den Begegnungen und in der festlichen Atmosphäre Wertschätzung, die deutlich macht: „Für dich rück ich nicht nur meine besten Kekse raus, für dein Wohlbefinden stelle ich sogar eine Torte auf den Tisch und lass dich auch teilhaben an einer ‚Süßspeise', von der du auch morgen noch reichlich zehren kannst: Gottes Wort."

Empfehlungen

Einmal im Monat seine ehrenamtlich Mitarbeitenden zu verwöhnen und zu „bedienen", kommt sehr gut an und drückt Wertschätzung aus. Der Impuls für das Treffen, das „besondere Tortenstück", sollte ruhig Aktuelles mit aufnehmen. Ein Psalm zu Beginn und ein Segenswort zum Abschluss tun allen gut.

Es hilft, Kommunikationsplattformen wie das Internet zu nutzen, um an den Termin für das nächste Treffen zu erinnern. Es hat sich auch bewährt, die Termine für das ganze Jahr festzulegen und im Jahresprogramm zu veröffentlichen. Besonders schöne Treffen und Impulse sowie die Inhalte des „besonderen Tortenstücks" können wunderbar auf der eigenen Website gesammelt werden.

Klaas Grensemann
Kreisjugenddiakon in Norden/Ostfriesland

16. FIT – Familien-Impuls-Tage

Ausgangssituation

Vor vier Jahren habe ich von meinem Vorgänger im CVJM-Landesverband Bayern eine gut laufende Freizeitarbeit im Familienbereich als Landesreferent übernommen. Die Familienfreizeiten sind weiterhin ein wichtiges und erfolgreiches Standbein in der missionarischen Familienarbeit.

Die wirtschaftliche Entwicklung der letzten Jahre sowie der Wegfall bzw. die Einschränkung mancher Zuschussmöglichkeiten für Familienurlaubsmaßnahmen führten zu neuen Gedanken. Außerdem signalisierten manche Familien und Mitarbeitende, dass es in ihrem Umfeld Familien gibt, die eher mal ein kürzeres Angebot zum Schnuppern nutzen würden.

Idee

Daraus entwickelte sich die Idee des Familien-Impuls-Tages (FIT), der thematische und kreative Schwerpunkte setzen sollte und zu dem auch interessierte Familien ohne christlichen Background eingeladen wurden.

Zusammen mit einem kleinen Team von ehrenamtlich Mitarbeitenden aus verschiedenen CVJM-Vereinen sammelten wir Ideen und entwickelten ein Konzept. Jeweils zwei Familien-Impuls-Tage pro Jahr sollten an einem zentralen Standort angeboten werden. Der erste FIT im Frühjahr sollte eher einen thematischen, der zweite im Herbst einen kreativen Schwerpunkt haben. Die Palette der Themensammlung reichte von Kindererziehung über Beziehungs- und Partnerschaftsfragen bis hin zu Fragen des Medienumganges. Kompetente Referenten wurden angefragt.

Ein familienfreundlicher Tagesablauf am Samstag (9.30 – 16.00 Uhr) wurde geplant:

- lockeres Ankommen, Imbiss, Mitmachlieder, kurzer Impuls, Referat
- gemeinsames Mittagessen, Zeit zum Spielen und Begegnen
- Sonntagsbegrüßungsfest mit offenem Ende, Kaffeetrinken

Erfahrungen

Zum ersten FIT in Nürnberg kamen ca. 50 Teilnehmende. Das war auch der Durchschnittsbesuch bei den nächsten Impulstagen. Durch die Regionalisierung vor einem Jahr (nicht mehr nur ein Impulstag zentral für ganz Bayern, sondern verschiedene in den Regionen) hatten wir sogar schon 85 Besucher. Es hat sich herausgestellt, dass es Dauerbesucher dieser Tage gibt, aber auch interessierte Familien aus dem persönlichen Umfeld der CVJM-Familien (Beruf, Kindergarten, Schule, Nachbarschaft usw.).

Gute Gespräche, auch über den Glauben, kamen in ungezwungener Weise zustande. So äußerte ein Vater nach Ablauf des Sonntagsbegrüßungsfestes: „Das könnten wir doch zu Hause auch mal ausprobieren." Kinderlieder und -gebete sind sehr gefragt.

So ist dieser Familien-Impuls-Tag ein Mut- und Fitmacher für die Familie, für den Glauben und das gemeinsame Leben in all seinen besonderen Herausforderungen geworden.

Empfehlung

Nachmachen erlaubt, zu Risiken und Nebenwirkungen, die sehr gering sind, gebe ich gerne Auskunft.

Matthias Rapsch
CVJM-Landessekretär im CVJM Bayern

17. Liebesbrief von Gott – Aktion am Valentinstag

Sie zögert. Dann aber bleibt sie stehen und greift nach dem Faltblatt mit dem roten Herzen. „Ein Liebesbrief für Sie!", sagt Daniel, der sich für diese Aktion zur Mitarbeit in seiner Kirchengemeinde hat gewinnen lassen. Mit verschmitztem Lächeln ergänzt er: „... ein Liebesbrief von Gott."

„Wie? Von Gott? Für mich?" Sie kann es sichtlich nicht fassen. Als sie weitergeht, liest sie den Brief, bleibt stehen, sieht nachdenklich aus. Daniel sieht noch, dass sie lächelt, bevor er einem älteren Ehepaar den nächsten Brief überreicht.

Einige Stunden später trifft Daniel die Frau wieder. Sie kniet in einem Seitenschiff der Stadtkirche vor einer mit Wasser gefüllten Glasschüssel, die als „Tränenschale" gekennzeichnet ist. Eben hat sie gläserne Nuggets versenkt. Sie hat Tränen in den Augen. Daniel kann nicht erkennen, ob vor Freude oder aus Leid. Die Frau erhebt sich und geht eine Station weiter. Sie zündet eine Kerze an. Daniel beobachtet sie aus dem Augenwinkel. Er freut sich riesig. Diese Frau hat die Einladung im „Liebesbrief von Gott" angenommen und ist in die „Rendezvouskirche" gekommen, die von den Mitarbeitenden liebevoll gestaltete zentrale Kirche. Hier gibt es diverse Stationen mit Angeboten: einfache Symbolhandlungen, die Möglichkeit zur Stille oder zum Gespräch, die persönliche Segnung. In einem Seitenschiff ist ein kleines, ansprechend dekoriertes Bistro aufgebaut und man kann einen Kaffee oder Tee trinken und Kekse oder Süßigkeiten naschen.

Daniel entdeckt die Frau etwas später an einem der Tische. Er setzt sich zu ihr und sie erkennt ihn sofort.

„Das ist das Beste, was mir seit Langem passiert ist!", strahlt sie. Und dann erzählt sie von sich. „Ich habe seit meiner Schulzeit keinen Liebesbrief mehr bekommen. ‚Ich liebe dich!' Das hat mir zwar mein Mann früher einmal gesagt, aber er ist dann irgendwann auf und davon. Wieso sollte mich auch jemand lieben? Und nun kommt ihr und bringt mir einen Liebesbrief von Gott. Und ladet mich zu einem Rendezvous mit Gott ein. Seit Jahrzehnten hatte ich kein Rendezvous mehr!" Die Frau ist sichtlich aufgewühlt. „Ja, wenn das stimmt, was in dem Brief steht: Ich bin begeistert von deinen Talenten, von deinem Mut und deiner Lebensfreude. Ich liebe dich! ..."

Welch eine Botschaft! Der Valentinstag am 14. Februar nimmt sie auf, Blumenläden und Einzelhandel ziehen mit. Auch einige Kirchengemeinden nutzen die Chance. Meistens sind es gottesdienstliche Angebote für Paare, Verliebte oder auch für Geschiedene, zu denen wir einladen. Es geht um Verzauberung und Ernüchterung von Zweisamkeit. Gut so, wenn Kirche sich da einmischt!

Die Liebeserklärung Gottes aber gilt allen Menschen. Sein „Ich liebe dich!" ist Zuspruch und Einladung für jene Frau, das alte Ehepaar, Singles und Paare, Alt und Jung, Arm und Reich ... Und sie alle gehen, eilen oder bummeln durch die Straßen unserer Stadt. Wir finden sie in Einkaufszentren, an Bushaltestellen und Bahnhöfen, auf dem Markt usw. Jene Menschen um uns herum sehnen sich nach Liebe und ihnen gilt Gottes Liebeserklärung. Was liegt näher, als den Valentinstag für die Aktion „Liebesbrief von Gott" zu nutzen?

Wie's gemacht wird

Gemeindeglieder und Mitarbeitende werden für eine Verteilaktion geschult. Ein schön aufgemachter Brief wird gedruckt, dazu die Einladung zum Rendezvous. Die Öffentlichkeit wird über die Medien neugierig gemacht. Die Rendezvouskirche wird liebevoll gestaltet. Parallel zur Verteilaktion am 14. Februar ist sie geöffnet und Christen sind für ihre Gäste da. Vielleicht wird der Tag in der Kirche mit einem kleinen Gottesdienst beendet, ansonsten gibt es jedoch keine festen Veranstaltungen. Die Kirche ist ein offener Raum, wo alle hinkommen, bleiben und gehen können, wie sie möchten. Sie ist ein Raum mit Möglichkeiten, Gott zu begegnen.

Was eine solche Aktion außerdem bringt? Innerhalb einer Stadt oder Region arbeiten mehrere Gemeinden zusammen, möglicherweise auch unterschiedlicher Konfession. Durch starke Medienprä-

OSNABRÜCK 17

Dieser Liebesbrief kam von Gott

Kirche lädt zum Treffen am Valentinstag

hiek **OSNABRÜCK.** Viel Neugier hat am Samstag ein Brief verbreitet, der in der Fußgängerzone verteilt wurde: „An Dich" stand in der Adresszeile. Eine liebevolle Botschaft auf der Rückseite: „Ich bin begeistert von Deinen Talenten, von Deinem Mut und Deiner Lebensfreude." Der Schreibende geizte nicht mit Komplimenten: „Du bist schön. Du bist klug. Du bist liebevoll." Er selbst gab sich erst ganz unten zu erkennen: Gott hat am Valentinstag Liebesbriefe an die Menschen gesendet und sie für ein persönliches Treffen in die Marienkirche gebeten.

Dieser Bitte sind etliche Menschen gefolgt. Den ganzen Tag über strömten Kinder, Jugendliche, Erwachsene und Senioren in der Marienkirche ein und aus. Zum ersten Mal hat der Kirchenkreis Osnabrück diese Doppelaktion zum Valentinstag initiiert: Über 30 Pastoren und Ehrenamtliche verteilten in der Fußgänger Liebesbriefe von Gott, während weitere Vertreter des Kirchenkreises in der Marienkirche ein anschließendes „Rendezvous", ein Treffen mit verschiedenen symbolischen Aktionen zum Mitmachen, vorbereitet hatten. „Wir wollen damit zeigen, wie vielfältig Gottes Liebe zu erleben ist", sagt Pastor Achim Kunze.

Kyra Mooshofer und Nadja Leider hat es vor allem der Stand mit den Scherben angetan. „Liebe ist zerbrechlich" lautete die Überschrift dieser sehr rege angenommenen Aktion. Auf Tonscherben konnte jeder einen Wunsch oder eine Bitte schreiben, sie zurück auf eine Decke legen oder mit nach Hause nehmen.

Eigentlich wären Kyra und Nadja nicht in die Kirche gegangen. Die beiden 14 und 17 Jahre alten Mädchen kommen aus Ennepetal und Lehrte, haben sich im Internet kennengelernt und am Samstag zum ersten Mal in Osnabrück getroffen. Beide waren von der Liebesbrief-Aktion begeistert. „Im ersten Moment dachte ich, wer fälscht hier Gotts Unterschrift?", erzählt Kyra. Doch dann hatten sie den Brief gemeinsam gelesen und seien „richtig neugierig" geworden.

Einladung mit Herz: Nadja (rechts) und Kyra bekamen am Valentinstag einen Liebesbrief von Gott und gingen kurz entschlossen zum „Rendezvous" in die Marienkirche. Foto: Stefanie Hiekmann senz wird die Öffentlichkeit auf die Kirche aufmerksam und, was noch besser ist, unsere zentrale Botschaft wird Stadtgespräch. Christen werden ermutigt und befähigt, über ihren Glauben zu reden und dabei auch die geschützten Räume der Gruppen und Gemeinden zu verlassen.

Dieses Projekt haben Mitarbeitende der Missionarischen Dienste und von Kirche im Tourismus aus der Evangelisch-lutherischen Landeskirche Hannovers auf einer Studienreise nach Wien kennengelernt. Die katholische Geschwisterschaft Emmanuel hat es mehrfach durchgeführt und es hat vor allem in mittleren oder größeren Städten guten Anklang gefunden. Das Projekt wurde bereits in Osnabrück erprobt, und ab 2012 kann es mit Unterstützung der Missionarischen Dienste der Evangelisch-lutherischen Landeskirche Hannovers wo immer gewünscht auch in Deutschland durchgeführt werden. Entsprechendes Material ist vorbereitet und kann im Haus kirchlicher Dienste Hannover bestellt werden. Auf die Auswertung der durchgeführten Liebesbrief-Aktionen sind wir schon jetzt gespannt.

Daniel hört der Frau zu. In Gedanken ist er allerdings immer wieder mit sich selbst beschäftigt. Er wollte bei einer „coolen" Aktion am Valentinstag mitmachen und diese Briefe verteilen, mehr nicht. Und nun entdeckt er, dass die Botschaft des Briefes eine unglaubliche Kraft entwickelt. Sie hat nicht nur jene Frau und die vielen unterschiedlichen Leute, die sich gerade in der Rendezvouskirche aufhalten, erreicht. Auch Daniel selbst kann glauben, was in dem Brief steht, und freut sich riesig darüber. „Ich bin geliebt!" Welch eine Botschaft!

Weitere Informationen: www.liebesbriefvongott.de

Hermann Brünjes

Diakon und Mitarbeiter im Missionarischen Zentrum Hanstedt

18. „... weil denen ihr Jesus heute Geburtstag hat!" – Weihnachtsfreude praktisch

Hans wärmt sich die Hände an dem Pappbecher mit heißem Punsch. Er hat ein Lächeln im Gesicht, während er sich mit einer Mitarbeiterin über sein Leben unterhält. Wer ihn ansieht, könnte ihn für einen „Backpacker" halten, der auf großer Tour durch Europa ist. Er ist Ende zwanzig, groß, mit langen Haaren. An seinen Füßen trägt er Wanderstiefel, auf dem Rücken einen großen Rucksack. Erst auf den zweiten Blick fällt auf, wie verschlissen seine Kleidung, wie sehr sein Gesicht vom Wetter und vom Leben gezeichnet ist.

Hans ist kein Backpacker. Er ist obdachlos, unterwegs auf den Straßen Deutschlands. Heute, an Heiligabend, hat es ihn in die Stadt, nach Stuttgart, gezogen. Er kam zufällig am Stand des „Offenen Abends" vorbei und beschloss, den Abend über hierzubleiben. Wegen des Punsches und der Waffeln – und weil auch er, der Einzelgänger, an diesem Abend irgendwie auf der Suche nach Gemeinschaft ist.

Zur gleichen Zeit am Stuttgarter Hauptbahnhof: Ein Team von drei Mitarbeitenden verteilt kleine Tütchen mit selbstgebackenen Plätzchen und einem Weihnachtsgruß an Bahnhofsbedienstete, Taxifahrer und Polizisten. Am nächsten Tag kommt eine E-Mail bei den Verantwortlichen der Weihnachtsaktion an: „Hallo! Gestern Abend habe ich ein Geschenk mit Plätzchen und Tee von Ihnen be-

kommen. Ich bin Stadtbahnfahrerin in Stuttgart. Ich wollte mich auf diesem Weg bedanken! Ich hab mich wirklich sehr darüber gefreut! Grüße, Klara."

Wie kommt es dazu, dass ehrenamtlich Mitarbeitende des „Offenen Abends" (einer Gemeinschaft innerhalb der evangelischen Landeskirche) ihren Heiligabend seit nunmehr 18 Jahren auf diese Art und Weise feiern?

Im Sommer 1992 nahm eine Handvoll Mitarbeitende des Offenen Abends an einem Jüngerschaftskurs teil. Am Ende dieses Kurses stand ein praktischer Einsatz. Man überlegte, was man tun könne, und kam auf die Idee, an Weihnachten den Menschen in Stuttgart zu dienen. Ihr Ziel war es, die Freude und Dankbarkeit über Gottes Handeln im eigenen Leben an andere weiterzugeben und über den eigentlichen Sinn von Weihnachten ins Gespräch zu kommen. In der Küche einer teilnehmenden Familie wurden am 23. Dezember Lebkuchen gebacken, die dann an Heiligabend am Bahnhof an die Bediensteten verteilt wurden. Die Teilnehmenden waren so begeistert, dass sie die Aktion im Jahr darauf ausweiteten: In der Fußgängerzone wurde ein Wohnwagen mit Vorzelt aufgestellt, der als Basis der ganzen Aktion diente. Acht Erwachsene und sieben Jugendliche waren dabei, schenkten Punsch aus, hatten Zeit für Gespräche und verteilten wieder kleine Gebäcktütchen an Menschen, die in der Innenstadt arbeiten mussten, z.B. am Bahnhof, auf den Feuerwachen oder in Krankenhäusern.

Die Erfahrungen waren durchweg positiv. Es gab viele kleine und große Begegnungen. Im Vorzelt trafen sich Menschen, die an Heiligabend einsam durch die Stadt zogen: Obdachlose, Ausländer, Menschen, die auf dem Heimweg von der Arbeit waren. Einige Reaktionen:

Ein Obdachloser, der sich beim Punschtrinken im Vorzelt aufwärmte, stellte fest: „Und das alles machen die nur, weil denen ihr Jesus heute Geburtstag hat!" Eine Nachtschwester im Krankenhaus meinte: „Wir hatten den Eindruck, dass wir in diesem Jahr von allen vergessen worden sind. Und jetzt kommen Sie und beschenken uns."

Alle Mitarbeitenden waren begeistert von dieser Art, Weihnachten zu feiern und die Freude zu teilen. Für alle war klar, dass diese Aktion auch in den kommenden Jahren wieder durchgeführt werden sollte. So entwickelte sie sich von Jahr zu Jahr immer weiter. Im Jahr 2010 waren rund 40 Mitarbeitende an der Aktion beteiligt. Dazu kamen viele Helfer, die im Vorfeld Plätzchen backten und in Tütchen verpackten. Irgendwann wurde der alte Wohnwagen durch mehrere Pavillons ersetzt. Dann gab es neben Punsch auch heiße Waffeln und ein kleines Programm mit Musik und Auftritten der Tanzgruppe. Ein kleiner Büchertisch kam hinzu, an dem Kalender und Bibeln verschenkt wurden. Die Teams, die in der Stadt unterwegs waren und Geschenke verteilten, übernahmen von Jahr zu Jahr größere Routen und sind inzwischen meist mit dem Auto unterwegs. Polizei, Feuerwehr, Radiosender, Wetteramt, Hotels, Flughafen, Bahnhof, Krankenhäuser, Altenheime: Es gibt ziemlich viele Menschen, die an diesem Abend arbeiten und sich über diese Aufmerksamkeit freuen!

Diese Aktion an Heiligabend läuft in der Regel so ab: Um 17 Uhr finden sich alle Mitarbeitenden im Gemeindehaus ein, wo neben einem kleinen Imbiss Zeit zum Beten ist. Um 18 Uhr starten dann die verschiedenen Gruppen zu ihren Touren bzw. in die Fußgängerzone. Um 22 Uhr treffen sich alle wieder im Gemeindehaus zum gemeinsamen Essen und Austausch.

Wie man sieht, kann eine solche Aktion wirklich klein und mit wenigen Mitarbeitenden beginnen. Es kommt nicht auf die Anzahl der verteilten Geschenke an, sondern auf das Erlebnis, Weihnachten einmal ganz anders zu feiern und vom Beschenkten zum Schenkenden zu werden. Durch diese Art des Feierns wird Kirche an Heiligabend ganz neu erlebbar – für alle Beteiligten!

Friederike Auracher
Jugendreferentin beim „Offenen Abend", Stuttgart

19. CVJM-Männerkochkurs – *Männer kochen heißer*

„Wir sind überzeugt: Männer sind besser als ihr Ruf. Männer sind lernfähig. Männer können kochen. Und ein echter Mann des 21. Jahrhunderts wird (will???) vor der Freundin nicht blöd dastehen, wenn er ein Mittagessen zaubern soll. Deshalb bieten wir als CVJM den ersten Männerkochkurs Marktheidenfelds an.

Wir werden an vier Abenden die Basics des Kochens lernen. Wir werden gemeinsam schwitzen, arbeiten und lernen. Und wir werden natürlich gemeinsam das Ergebnis unserer Arbeit genießen."

So weit der Werbetext auf unserer Website. Aber: Warum ausgerechnet ein Männerkochkurs im CVJM?

Ausgangssituation

In der Generation der 19- bis 29-Jährigen klafft eine riesige Lücke. Vor allem Männer sind nicht in Sicht. Uns als CVJM war klar: Hier wollen wir Kontakte knüpfen. Wir wollen mit Männern ins Gespräch kommen: über ihr Leben und unsere Arbeit; über ihre Arbeit und unseren Glauben. Wir wollen zuhören und uns beraten lassen. Wir wollen erzählen von der Arbeit, die wir als CVJM machen. Wir wollen herausfinden, was Männer in diesem Alter von Gemeinde und von Christen erwarten.

Idee

Wir suchten etwas, das Männern guttun würde, das ihnen Spaß machen könnte. Dabei sollte es viel Raum für Gespräche geben. Dann entstand die Idee des Männerkochkurses. In unserem CVJM gab es eine Ausbilderin für Hauswirtschaft. Und dann ging es los:

- Der Zeitrahmen: Uns war es wichtig, dass das Projekt überschaubar ist: vier Abende à zwei Stunden.
- Beim Ort war schnell klar: Das geht nur in einer Schulküche.
- Die Werbung sollte über persönliche Einladung und über Flyer und Plakate laufen – ganz gezielt an den Orten, an denen Männer sich treffen: Fitnessstudio, Autohaus, Tankstelle, Kneipe.

- Für den Ablauf der Abende war uns wichtig, dass es ein reiner Kochkurs sein sollte. Keine Predigt, kein methodischer „Schnickschnack", sondern gemeinsam kochen, gemeinsam essen und Zeit haben für Gespräche.
- Bei den Koch-Inhalten war es unser Ziel, in erster Linie die Basics zu vermitteln: für jeden Abend ein Menü. Einmal quer durch ein Rezeptbuch.

Erfahrungen

Der erhoffte Massenansturm blieb aus. Vier Männer meldeten sich an. Doch wir beschlossen, die kleine Gruppe als Chance zu sehen, um wirklich gute Beziehungen bauen zu können.

Die Männer waren voll bei der Sache. Schnell schnitten wir gemeinsam Zwiebeln – Leidensgemeinschaft ist echte Gemeinschaft. Wenn wir nach getaner Arbeit die (wirklich tollen!) Ergebnisse unserer Arbeit genossen, hatten wir viel Zeit, um Leben zu teilen. Die Gespräche waren sehr spannend und es gab immer wieder die Möglichkeit für uns als Christen, aus unserem Leben zu erzählen und etwas von unserem Glauben weiterzugeben. Noch spannender war es, Fragen zu stellen – Glaubensfragen, Lebensfragen – und dann die Antworten der Männer zu hören und ihre Denkweise zu verstehen. Es passierte auch, dass wir noch bis in die Nacht auf dem Parkplatz über zentrale Themen unseres Lebens und Glaubens redeten.

Benötigte Ressourcen

1. Die Abende stehen und fallen mit guter fachlicher Leitung. Die Männer kommen, weil sie kochen lernen wollen. Und sie haben damit einen Anspruch auf gute Erklärungen. Nicht jeder gute Koch ist gleichzeitig ein guter Kochkursleiter!
2. Der Kurs lebt von den Männern, die kommen. Hier ist es gut, auch Christen in dem Alter (vielleicht auch aus dem Nachbarort) für den Kurs zu gewinnen.
3. Eine geeignete Küche findet man oft in Schulen. Hier ist ein guter Kontakt zu Direktoren und Hauswirtschaftsleitern entscheidend.

Und das Geld? Jeder Teilnehmende zahlte 5 Euro pro Abend. Das reichte, um die Lebensmittelkosten zu decken. Kosten für Werbung und die Nebenkosten für die Schule übernahm der CVJM.

Empfehlungen

- Werbung auch beim Kinderarzt und im Kindergarten! Denn: Männer werden von ihren Frauen auf solche Kurse aufmerksam gemacht und angemeldet.
- Eine Nachfolgeveranstaltung anbieten. Das ist wichtig, um die Kontakte zu halten. Vielleicht einmal im Monat bei einem der Teilnehmenden zu Hause: Einer kocht und lädt die anderen ein.
- Offenheit über die Motive. Wir haben erklärt, was CVJM ist und warum wir einen Männerkochkurs veranstalten. Das hat keinen der Männer verschreckt, sondern war Einstieg ins Gespräch.
- Das Tischgebet gehört dazu. Einmal mit wenigen Worten erklärt, war es schon am zweiten Abend selbstverständlich. Uns war es wichtig, an dieser Stelle deutlich zu machen, wie wir Beziehung zu Gott im Kleinen leben.
- Keine fertigen Antworten. Es ging inhaltlich richtig zur Sache. Es braucht Mut, ohne Konzept ein Gespräch zu wagen. Es braucht Offenheit für die Meinung des anderen und seine Sicht der Welt. Und es braucht gute Fragen: Fragen, die den anderen herausfordern. Fragen, denen ich mich aber auch selbst stellen muss.

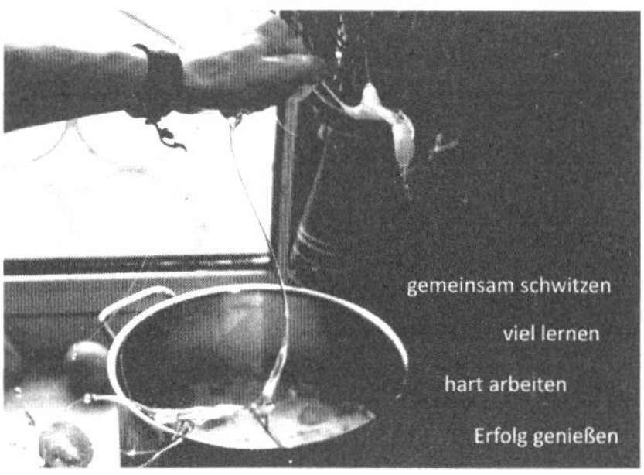

Kai Günther

CVJM-Landessekretär im CVJM Baden

20. Und wenn die Welt voll Teufel wär …

Halloweenparty im Heide-Park Resort Soltau: 20 000 Besucherinnen und Besucher pro Abend, die sich gruseln wollen, blutüberströmte Leichen, irre Ärzte, Vampire, Hexen, Untote, Kettensägegeräusche und die letzten Schreie der Dahinscheidenden. Genau der richtige Platz für Kirche im Tourismus! Schließlich findet das Ganze am Wochenende des Reformationstages statt. „Und wenn die Welt voll Teufel wär …" – wie passend! Eine Zeitreise ins Mittelalter bietet sich geradezu an, also rein in die Mönchskutte!

Aber wie kommt eigentlich die Kirche in das Heide-Park Resort? Seit 2008 finanziert die Hannoversche Landeskirche eine Diakonenstelle im größten Freizeitpark des Nordens. Meine Aufgaben erstrecken sich von Gästeseelsorge über Kurzandachten, Mitarbeiterseelsorge, christliches Kinderprogramm bis hin zu Sonderprogrammen wie die Hallo-Luther-Aktion.

Ausgangssituation

Die Halloweenparty im Heide-Park Resort gab es schon länger. Nachdem der Entertainmentchef mich fragte, ob ich als „Erschrecker" aushelfen könne, schluckte ich erst einmal und lehnte dann dankend ab. Doch stellte sich mir die Frage, wie man im Rahmen dieser mehrtägigen Aktion die Reformation ins Bewusstsein der Gäste rücken könnte. Außerdem galt es, die Reformation mit einzelnen Bausteinen erlebbar zu machen. Seit einigen Jahren bietet die Evangelisch-lutherische Landeskirche Hannovers „Hallo Luther"-Material an – eine Steilvorlage.

Idee

Die Reformation soll erlebbar und spielerisch erschlossen werden können.

Erfahrungen

Im Rahmen einer Halloweenparty dürfen die Spiele gerne etwas eklig-speziell sein, dafür kommen die Leute ja zu der Veranstaltung.

Im Rahmen eines „normalen“ Reformationsfestes müssen manche Bausteine sicher überdacht werden.

Das Quiz ist der Kern der Aktion, der Tintenfasszielwurf eignet sich am besten, um die Leute anzulocken. Variante: Natürlich lässt sich zu Luther auch noch eine Käthefigur darstellen. Von der Flucht in Fässern bis hin zu vielen anderen Spielen lassen sich viele Bausteine dazu erfinden.

Benötigte Ressourcen

- Verkleidung: pro Person eine Mönchskutte (von Eltern nähen lassen oder zur Faschingszeit kaufen)
- Stand/Tisch, Banner: z.B. „Halloween? Hallo Luther! Am 31. Oktober ist Reformationstag.“

Spielideen

Tintenfasszielwurf

Als Luther auf der Wartburg war, soll er den Teufel an der Wand gesehen und ein Tintenfass nach ihm geworfen haben. Wer kann ihm das nachmachen?

Ziel: Mit je drei Versuchen die Tintenfässer auf den Teufel werfen und möglichst nah an Mund oder Nase des Teufels kommen.

Material: Einen großen Teufel auf einer Sperrholzplatte, einige Schwämme in Tintenfassform zuschneiden und mit einem wasserfesten Stift bemalen, Fingermalfarbe und Wasser zum Herstellen der „Tinte", ein Eimer.

Thesenwettnageln

Helft Luther! Wer schafft es am schnellsten, eine der 95 Thesen mit zwei Nägeln an die Schlosstür zu heften?

Ziel: Möglichst wenig Schläge oder kurze Zeit brauchen, um die Thesen festzunageln.

Material: Hammer und Nägel, 95 Thesen einzeln auseinandergeschnitten (evtl. mehrere Ausgaben), eine alte Holztür (alternativ anderes Holz).

Lutherquiz

Unter www.lutherbonbon.de gibt es ein gutes, fertiges Quiz zu Luthers Leben. Alternativ kann man natürlich auch selbst eins schreiben.

Lutherpuzzle

Mitten in der Halloweenparty kamen ein paar Monster vorbei und haben das Bild von Martin Luther zerfetzt und in einer Lache grünem Monsterschleim liegen lassen. Wer kann es zusammensetzen?

Ziel: Möglichst schnell das Puzzle zusammensetzen.

Material: Eine große Schüssel mit grünem Wackelpudding, laminiertes Lutherpuzzle, Plastikschürzen, Küchenrolle, evtl. Einmalhandschuhe.

Kutschenwettrennen

Auf der Flucht musste Martin Luther ganz schön Gas geben. Wessen Kutsche kommt zuerst ins Ziel?

Ziel: Zwei Leute treten jeweils gegeneinander an und müssen versuchen, ihre „Kutsche" mit einem Strohhalm zuerst ins Ziel zu pusten.

Material: Leere Streichholzschachteln als Kutsche beklebt, Trinkhalme.

„Warum rülpset und furzet ihr nicht?"

Luther soll diesen Spruch mal in einer seiner Tischreden gesagt haben. Wer kann mit dem Reformator mithalten?

Ziel: Wer bekommt beim ersten Versuch den lautesten „Pups" mit der Slimy-Masse zustande, indem er den Daumen in die Dose drückt? Alternativ kann man natürlich auch einige Flaschen Mineralwasser hinstellen und ein Wettrülpsen veranstalten.

Material: Es gibt im Spielzeughandel eine weiche Masse in einer Dose namens „Slimy", die sich hierfür sehr gut eignet.

Preise

Ich habe Lutherbonbons, -luftballons, -kekse und -türanhänger usw. als Preise verwendet (zu bestellen z.B. bei www.komm-webshop.de). Wer andere Quellen hat oder selbst etwas herstellen kann, umso besser.

Bei www.gott.net gibt es gute Verteilkärtchen zu Halloween.

Empfehlungen

Ich denke, die Richtung der Spiele ist deutlich geworden. Hier lassen sich beliebig viele dazu erfinden. Die Bausteine eignen sich für Mittelaltermärkte, Halloweenpartys, Reformationsfeste, Jugendkreise, Jungschar usw. Die einzelnen Aktionen müssen also nur dem entsprechenden Umfeld angepasst werden, und schon kann es losgehen!

Anke Rieper

Diakonin der Evangelisch-lutherischen Landeskirche Hannovers
im Heide-Park Resort Soltau

21. *ChurchNight* – Reformation feiern

„Süßes oder Saures?", rufen kleine als Hexen verkleidete Kinder an meiner Tür. „Süßes natürlich!" Ich bin freundlich, verteile Bonbons und denke mir: *Es werden von Jahr zu Jahr mehr.* Hexen, Geister, Kürbisköpfe überschwemmen Deutschland im Herbst. Der 31. Oktober wird groß vermarktet. Halloween ist angesagt. Dagegen wirkt der Reformationstag wie eine graue Maus.

Doch es geht auch anders. Eine junge Theatergruppe aus Stuttgart ist am Abend des 31. Oktober ebenfalls unterwegs. Verkleidet und gut gelaunt klingeln sie an Haustüren, spielen Szenen aus der Reformationszeit und singen Lieder. Das kommt bei vielen gut an. „Manche waren sehr freundlich, haben uns sogar was geschenkt. Andere haben uns nicht geöffnet", erzählt Julia (10 Jahre). Immerhin: Sowohl das Kirchenfernsehen als auch die Stuttgarter Zeitung haben über diese mutige Aktion berichtet.

Die Idee der ChurchNight-Kampagne

Den 31. Oktober wieder einladend und lebendig zu feiern, ist Kern der *ChurchNight*. An der Kampagne des Evangelischen Jugendwerks in Württemberg beteiligten sich 2010 die Stuttgarter Theatergruppe und viele weitere Veranstalter mit mehr als 100 000 Beteiligten aus ganz Deutschland, Tendenz steigend.

Die Kampagne wird vom Evangelischen Jugendwerk Württemberg

(ejw) koordiniert. Gefeiert werden die Wiederentdeckung der biblischen Botschaft und der Geburtstag der evangelischen Kirche.

Ob öffentliche Bibellese, Jugendgottesdienst mit Thesenanschlag oder reformatorische Kürbiskochshow – bei einer *ChurchNight* verbünden sich Fantasie und elementares Glaubenszeugnis. Da gibt es Wartburger in der Luther-Lounge und farbig beleuchtete Kirchen. Gebetsstationen laden ein zum Gespräch mit Gott. Aber auch ein Gospelkonzert, eine Bibelübersetzungs-Werkstatt oder eine *ChurchNight* für Kinder sind möglich. Ob Big Event oder kleine Aktion, an Ideen und Erfahrungen mangelt es nicht. Und jeder Veranstalter entscheidet selbst, für wen er was anbietet. Über 300 Praxisbeispiele werden auf der Website www.churchnight.de gebündelt und können für die Umsetzung vor Ort genutzt werden.

Erfahrungen

- Distanzierte neugierig machen auf den Glauben:
  Christen sind besser als ihr Ruf und Kirche ist lebendiger, als viele meinen. *ChurchNight* macht neugierig auf die Quellen christlichen Glaubens – überraschend, kreativ, erlebnishaft. Eine junge Kirche wird sichtbar und korrigiert den Eindruck, die christlichen Kirchen seien ein „Religionsmuseum“.
- Alternative zu Halloween:
  Gerade die Jugendarbeit ist am 31. Oktober herausgefordert, wenn Kinder und Jugendliche fasziniert sind von Süßigkeiten-Jagd und Gespenster-Partys. Wichtig ist: Nicht verbieten, sondern etwas Besseres dagegensetzen.
- Große Öffentlichkeitswirkung:
  Selten ist es leichter, in den Medien positiv wahrgenommen zu werden. Reformationstag, Allerheiligen, Halloween: Hier prallen gesellschaftliche Welten aufeinander. Ein „Muss“ für die Medien.
- *ChurchNight* fordert biblisch und theologisch heraus:
  Bei der Vorbereitung beschäftigen sich Teams vor Ort mit den „Essentials“ christlichen Glaubens – das fordert geistlich und theologisch weit mehr heraus als andere Events. Das Beste der

Reformation neu hervorholen und kommunizieren – nicht in Abgrenzung zu katholischen Mitchristen, sondern im fröhlich-selbstbewussten Dialog.

- Ein Reform-Aktionstag:
  ChurchNight feiert den Reformationstag nicht als geschichtliche Gedenkfeier und lutherischen Heldengedenktag, sondern immer mit dem Blick nach vorn. Wie können Kirche und Gemeinde auch für die nächste Generation Heimat werden? Wo ist das „Priestertum aller Gläubigen" versandet? Wo gilt es, von der Mitte der Schrift her heute neu einen Aufbruch zu wagen?

Benötigte Ressourcen

Interessierte können sich ganz leicht in die Kampagne einklinken. Jungscharen, Jugendgruppen, Chöre und örtliche Projektgruppen können problemlos eine *ChurchNight* auf die Füße stellen und das Evangelium von Jesus Christus am 31. Oktober fröhlich und selbstbewusst in die Öffentlichkeit tragen. *ChurchNight* versteht sich als Bewegung. Wer sich unter www.churchnight.de anmeldet,

- ist Teil einer bundesweiten Kampagne.
- erhält Zugang zu vielen Praxisbeispielen und Ideen rund um *ChurchNight*.
- kann im *ChurchNight*-Shop bequem Materialien und Werbemittel bestellen.
- bekommt regelmäßig einen Newsletter mit Tipps zur Vorbereitung und Durchführung.
- profitiert von der gemeinsamen Öffentlichkeitsarbeit und darf das *ChurchNight*-Logo verwenden.

Angela Schwarz
Projektreferentin im Evangelischen Jugendwerk in Württemberg

22. Besinnungswege – Bibel samt Botschaft in freier Natur

Angeregt durch einen nahe der Katakomben in Rom gestalteten „Via Lucis" (Lichtweg) haben wir zwei biblische Besinnungswege gestaltet, die vielfach nutzbar sind und inzwischen auch mehrfach kopiert wurden.

Was ist gemeint? Ein Künstler gestaltet Stationen zu biblischen Texten. Die Bilder (oder Skulpturen) mit den Bibeltexten darunter werden in freier Natur dauerhaft installiert. Es entsteht ein Besinnungsweg, gestaltet mit Kunst und biblischen Texten.

Außer der festen Installation gibt es diverse Materialien für die Arbeit mit den Bildern und Texten in kirchlichen Räumen, Ausstellungen und zur Nutzung in Gottesdiensten.

Unsere Erfahrungen sind großartig: Die Wege in freier Natur werden nicht nur von kirchlichen Gruppen, sondern auch von Spaziergängern, Wanderern, Touristen, Radfahrern und Joggern genutzt. Selbst Betriebe und Vereine begeben sich auf die Wege bei Betriebsausflügen. Kurz: Mitten in die Landschaft gestellt, werden Kunstwerke und Bibelworte zu ganz besonderen Trägern der biblischen Botschaft. Christlicher Glaube wird öffentlich. Glaubens-Wege entstehen und können ganz unverbindlich auch von jenen gegangen werden, die zum Glauben noch keinen Zugang gefunden haben.

Ich hoffe, dass die folgenden Beispiele anregen, eigene Ideen und Varianten zu entwickeln. Wenn die Leute schon nicht (oder nur zögernd) zur Bibel kommen, so können wir mittels solcher Wege die Bibel doch zu den Leuten bringen.

Der Auferstehungsweg (www.auferstehungsweg.de)

Drei Ziele werden bei diesem Besinnungsweg verfolgt: Ostern nacherleben in dreizehn Stationen, sich miteinander auf den Weg machen wie die Emmausjünger, dem Auferstandenen begegnen.

Der Auferstehungsweg, der von den Missionarischen Diensten im Haus kirchlicher Dienste der Evangelisch-lutherischen Landeskirche Hannovers in Zusammenarbeit mit Kirche im Tourismus entwickelt wurde, ist ein Pilgerweg mit vielen Möglichkeiten.

Der Künstler Werner Steinbrecher hat 13 Bilder zu Auferstehungstexten erstellt. Diese sind zusammen mit den (gekürzten) Bibeltexten in einem Meditationsbuch und als Plakate, Bildtafeln, Postkarten usw. erhältlich. Einen auf wetterfesten Tafeln installierten Weg gibt es zwischen Ebstorf und Hanstedt in der Lüneburger Heide. Eine Begleitmappe gibt Hilfen zum Umgang mit dem Material auf Pilgerwegen, in Gemeindehäusern, Gottesdiensten, Gruppenarbeiten usw. Eröffnet wurde der Weg am Ostermontag 2005, jährlich wird Ostern die Eröffnung der Saison begangen – und sie dauert genau genommen das ganze Jahr. Denn Ostern, das ist jeder Tag mit dem Auferstandenen.

Der Schöpfungsweg (www.schoepfungsweg.de)

Die ausdrucksstarken Bilder von Werner Steinbrecher weisen auf die in der Bibel beschriebenen Schöpfungstage hin und interpretieren die Schöpfung aus christlicher und gleichzeitig zeitgemäßer Perspektive. Weder für den Künstler noch für die Initiatoren des Besinnungsweges in neun Stationen sind Schöpfung und Evolution Gegensätze. Entstanden ist dieser Weg durch eine Initiative des Verkehrsvereins Altes Amt Ebstorf in Zusammenarbeit mit den Missionarischen Diensten der Evangelisch-lutherischen Landeskirche Hannovers. Letztere verleihen Material für Gemeindearbeit und Ausstellungen.

Alle um das Thema „Schöpfung“ gruppierten Themen können auf dem Schöpfungsweg bedacht und diskutiert werden: Wo kommen wir her, wo gehen wir hin? Der Mensch – Krone oder Fluch der Schöpfung? Mann und Frau, Mensch und Tier, Evolution und Schöpfung, Natur und deren Bewahrung, Schriftverständnis und Weltanschauung, Glaube und Naturwissenschaft ... Auch wenn nicht alles direkt thematisiert ist, so ergeben sich aufgrund der Bilder von Werner Steinbrecher und der Texte aus 1. Mose 1 diverse Gespräche.

Der Inspirationsweg (www.inspirationsweg.de)

Ein dritter Besinnungsweg befindet sich in der Entwicklung, angeregt durch Touristikfachleute und engagierte Bürger. Die Künstlerin Frauke Thein gestaltet Bilder mit Naturmotiven und einer großen Transparenz zu Fragen von Sinn und Dasein. Die Bilder, kurzen Texte und Psalmworte inspirieren zum Nachdenken und Austausch über Sinn, Gefühle, Sehnsucht und Hoffnung.

Bilder beginnen zu sprechen

Ein wesentlicher Bestandteil unserer Wege sind außer den Bibeltexten vor allem die Bilder von Werner Steinbrecher und Frauke Thein. Auch das Element „Bild" ist, wie der „Weg", uralter Bestandteil christlicher Verkündigung. Eine erste Darstellung Jesu aus dem 2. Jahrhundert hat man in den Katakomben Roms gefunden. Sie zeigt Jesus am Kreuz, allerdings ausgestattet mit einem Eselskopf, eine Spottzeichnung, die ihre Wirkung wahrscheinlich nicht verfehlt hat. Bilder predigen. Sie bewirken etwas, „machen" etwas mit dem Betrachter. Solange von Jesus erzählt wird, geschieht dies in Worten und Bildern. Nicht nur in jenen Zeiten und bis heute in jenen Gegenden, in denen die Menschen nicht lesen können – auch hier bei uns werden Bilder zu Trägern der Verkündigung.

Werner Steinbrecher verzichtet in den Bildern seines Auferstehungsweges auf eindeutige Aussagen und Darstellungen. Zwar wird der Bezug zu den biblischen Texten schnell deutlich, es bleiben jedoch unzählige Interpretationsmöglichkeiten. So beginnen die Bilder in Korrespondenz, aber nicht abhängig von den Texten zu „predigen". Sie werden zum Mittel des im Geist gegenwärtigen Auferstandenen, mich und uns anzusprechen und uns in einen Dialog miteinander und mit Gott zu führen.

Für einen Weg mit Skulpturen, wie ich ihn in einer Ausstellung des Künstlers Walter Green gesehen habe, gilt sicher Ähnliches.

Mehr als nur ein Weg ...

Aus den Bildern, aufbereitet als Poster, Postkarten, CD-ROM usw., haben wir ein Projekt entwickelt. Es gibt ein Begleitheft und wir verleihen die großen Bilder. So können Gottesdienste, Ausstellungen und Gruppenstunden von den Ideen profitieren. Kunst und Kirche werden aufeinander bezogen, Räume bekommen durch die Bilder eine Botschaft und Gespräche werden vielfältig angeregt.
Sie können von dem Material profitieren – Sie können die Idee aber auch gerne in Ihrer Region umsetzen und wir helfen Ihnen dabei. Was Sie brauchen: Gute Ideen und einen Künstler bzw. eine Künstlerin; den Mut, Mitstreiter und Sponsoren zu suchen (ist leichter, als wir dachten!) und Spaß an Experimenten.

Weitere Informationen: bei den Missionarischen Diensten der Evangelisch-lutherischen Landeskirche Hannovers über die o.g. Websites.

Hermann Brünjes
Diakon und Mitarbeiter im Missionarischen Zentrum Hanstedt

23. *Abenteuer Mahl Zeit* – eine Gastfreundschafts-initiative geht an den Start

„Wir beten immer vor dem Essen. Und ich bet noch gschwind." Auf diese knappe Einführung hin folgt ein freies Tischgebet des Gastgebers. Er hat seine Arbeitskollegen während der Mittagspause zu sich nach Hause eingeladen. Das war bereits vorher mit seiner Frau abgesprochen, die für dieses gemeinsame Essen extra mehr gekocht hat. An diesem Tag sind zwei Kollegen mitgekommen. Sie waren schon öfter da und kommen immer wieder gerne mit.

Wenn sich diese gastfreundliche Familie an ihre erste Einladung erinnert, dann kribbelt es noch ein wenig, wenn sie an die innere Aufregung damals denkt. „Wie wird das wohl werden?", lautete die Frage. Es fühlte sich an wie ein Abenteuer.

Später im Büro entstanden Gespräche über den Glauben.

Solche Abenteuer führen zu Situationen, in denen Christen herausgefordert werden, Rechenschaft abzulegen über die Hoffnung, die in ihnen ist (vgl. 1. Petrus 3,15). Plötzlich wurde auch deutlich häufiger nachgefragt: „Na, wie geht es denn gerade zu Hause?" oder „Was gibt es denn heute bei euch zu essen?" Gegenseitiges Interesse wurde vertieft.

Die eigene Offenheit erzeugt beim anderen Vertrauen. Offenheit wirkt auf andere anziehend. Diese Momente der Offenheit können wir in unserem Leben fördern, indem wir die Türen bei uns öffnen.

Das Aussprechen einer Einladung außerhalb unseres engsten Umfeldes kostet zwar innere Überwindung von natürlichen Hemmschwellen, dafür öffnet es aber ganz neue Zugänge zu den Menschen, denen wir alltäglich begegnen, und es verändert Beziehungen.

Die Initiative

„Die Gastfreundschaftsinitiative Abenteuer Mahl Zeit" holt die unterschiedlichen natürlichen Alltagsbeziehungen an den heimischen Esstisch und überwindet Grenzen.

Da viele Christen außerhalb ihrer christlichen Gemeinschaft Beziehungen im Alltag, in Beruf, Freizeit und Hobby pflegen, gibt es natürliche Brücken zu Menschen außerhalb der Gemeinde und Gastfreundschaft (wörtlich „Fremdenliebe") zu Hause kann ganz einfach umgesetzt werden.

Wie geht das?

Man kann folgende Fragen stellen: Wer ist neu in den Ort gezogen? Welchem Nachbar begegne ich immer wieder? Wie viele „Freunde" habe ich auf Facebook? Wann habe ich zum letzten Mal jemand zum Essen eingeladen?

Verschenkt Zeit, verschenkt Gemeinschaft – „übt Gastfreundschaft". Das will der CVJM-Landesverband Württemberg e.V. in einer landesweiten Initiative ausprobieren und einüben.

Was braucht es dazu vor Ort?

Es ist eine Koordinationsperson notwendig. Außerdem braucht es Gastgebende, die einmal, zweimal oder ganz nach ihren zeitlichen Möglichkeiten ihr Haus oder ihre Wohnung öffnen und an ihren Tisch Gäste einladen.

Der CVJM Rohrdorf hat diese Gastfreundschaftsinitiative im November 2010 erprobt. Dadurch ist das Thema Gastfreundschaft eine Sache der ganzen Kirchengemeinde geworden.

Nähere Informationen gibt es unter www.abenteuer-mahlzeit.de.

Matthias Kerschbaum

CVJM-Landesreferent im CVJM-Landesverband Württemberg

4. Dauerhaft

24. *Musik von Anfang an* für eineinhalb- bis dreijährige Kinder

„Ba-ba-baba, ba-ba-baba ..." schallen Kinderstimmen aus dem großen Saal der Landeskirchlichen Gemeinschaft Uffenheim (LKG). Kurze Zeit später hört man viele Rasseln, Glöckchen, Bongos, ein fröhliches Tanzlied und abschließend ein Segenslied. Die Tür geht auf und heraus stürmen zehn bis zwölf eineinhalb- bis dreijährige Kinder, die Mütter unterhalten sich noch und kommen langsamer nach. Im Foyer wartet auf die Kinder bereits eine Rutsche; Duplo und anderes Spielzeug liegen bereit. Für die Mütter sind Tische gedeckt, außerdem können sie sich an gutem Kaffee bedienen. Es herrscht eine lockere, fröhliche Atmosphäre, alle sind guter Dinge.

Ausgangssituation

Die ersten Erfahrungen mit „Musik von Anfang an"-Gruppen sammelte ich in Kirchheim/Teck, nachdem ich an einem Seminar der „Christlichen Gemeindemusikschule der Apis" teilgenommen hatte. Hier wurde neben dem musikpädagogischen Fachwissen zur Durchführung elementarer Musikangebote für Kinder (und ihrer Eltern) im Alter von ein bis drei Jahren (Musikgarten I) vor allem überlegt, wie religionspädagogische und theologische Inhalte verknüpft werden können. Begeistert von der Idee, dadurch auch kirchenferne Eltern mit dem Evangelium zu erreichen, startete ich die ersten „Musik von Anfang an"-Gruppen in Kirchheim. Nach unserm Umzug nach Uffenheim begann ich Anfang 2009 diese Arbeit in unserer LKG.

Idee

Eltern wollen ihre Kinder meistens schon im jungen Alter möglichst gut fördern. Dieses kann z.B. auf musikalischer Ebene geschehen. Daher ist es eine große missionarische Möglichkeit, mit dem Musikgarten-Konzept im Hintergrund ein Kursangebot mit christlichem Inhalt zu schaffen. Dadurch können sowohl gemeindenahe als auch kirchendistanzierte Eltern erreicht werden und ihnen wird etwas Gutes für ihr Kind und sich selbst geboten. Mithilfe der christlichen Liedinhalte können sie vielleicht erstmals oder auch neu Gott als ihren liebenden Schöpfer kennenlernen. Daneben ist es uns in der LKG wichtig, die vielen Mütter in unseren Räumen nicht nur rein- und rausgehen zu lassen, sondern auch Gastfreundschaft zu leben und diese neuen Beziehungen zu vertiefen. Ermöglichen möchten wir dieses durch einen Cafébetrieb rund um die Kurse, wo die Mütter einfach bleiben, ihre Kinder spielen lassen können und Möglichkeiten zum Gespräch mit anderen haben. Jede Kurseinheit besteht aus 12 Einheiten à 45 Minuten. Da die Mütter gerne Kursangebote am Vormittag wahrnehmen, bieten wir die Kurse donnerstagvormittags an (9.00 Uhr, 10.00 Uhr, 11.00 Uhr). Die Eltern müssen sich verbindlich anmelden und ein Elternteil muss mit seinem Kind teilnehmen. Die Einheiten bauen aufeinander auf, vieles wiederholt sich, damit es sich festigen kann. Ein typischer Ablauf sieht folgendermaßen aus:

1. Begrüßungslied mit der Handpuppe Lucy und Klanghölzern
2. christliches Begrüßungs-Bewegungslied mit Gitarre/Akkordeon
3. Kniereiter (Schotterfahren, Ri-Ra-Rutsch usw.)
4. Lied mit Instrumenten (Volkslied, christliches Lied) z.B. mit Rasseln, Glöckchen
5. Hörbeispiel mit Geräuschen von CD, damit die Kinder genaues Zuhören lernen (z.B. Pferd)
6. Großbewegung z.B. mit Tüchern („Mein Pferdchen reitet durch die Welt“)
7. Echospiel mit dem Baba-Hasen (Rhythmik)
8. Fingerspiel („Ei, wer kommt denn da daher“)

9. Kreistanz („Es tanzt ein dicker Tanzbär")
10. christliches Lied mit Bongos, Klangstäben, Trommeln für jedes Kind, einzeln gesungen („Gott hält die ganze Welt")
11. Kreistanz („Heute tanzen wir", „Brüderchen, komm tanz mit mir")
12. Segenslied („Vom Anfang bis zum Ende")

Erfahrungen

In Uffenheim läuft zurzeit die vierte Kurseinheit (Stand März 2011). Es nehmen pro Kurs acht bis zwölf Kinder mit ihren Müttern teil. Da wir drei Kurse nacheinander durchführen, sind an einem Vormittag 30 bis 35 Mütter in der LKG, die neben dem musikalischen Programm auch Möglichkeiten zur Begegnung haben. Es zeigt sich, dass die Mütter sehr gerne kommen, nach der ersten Kurseinheit oftmals auch noch ein zweites und drittes Mal mitmachen. Zudem spüren wir die Auswirkungen der Mund-zu-Mund-Werbung: Die Mütter bringen ihre Freundinnen mit, es spricht sich herum, dass es solch ein Angebot in der LKG gibt. Dabei können wir feststellen, dass es kein Problem ist, die Kurse in den Räumen der LKG anzubieten, es besteht keine Schwellenangst, das Gegenteil ist der Fall. Dadurch, dass die Mütter hier etwas Positives erleben und wir die Möglichkeit haben, Beziehungen über einen längeren Zeitraum aufzubauen, können wir auch zu unseren anderen Angeboten einladen, wie z.B. zu Krabbel- und Gästegottesdiensten oder zum Alpha-Kurs. Besonders die Krabbelgottesdienste werden gerne angenommen, aber auch die Teilnahme am Alphakurs bzw. ein Einstieg in einen Hauskreis haben sich schon aus der Arbeit ergeben. Daneben erzählen die Mütter immer wieder, wie sehr die Kinder die Lieder prägen, die sie auf einmal zu Hause singen, oder wie sie mit den Fingern zu tippen anfangen bzw. einfach den Baba-Hasen nachsprechen. Ich denke, dass es eine sehr wertvolle missionarische Gemeindearbeit ist, da wir viele Mütter mit ihren Kindern erreichen, die sonst wenig bzw. kaum Kontakt zur Kirche und vor allem zum Glauben an Jesus Christus haben. Das ist genial!

Benötigte Ressourcen

- Voraussetzung ist musikpädagogisches Fachwissen und eine Liebe zu den Kindern und ihren Müttern.
- Musikinstrumente für jedes Kind und die Mütter, wie z.B. Klanghölzer, Rasseln, Glöckchen.
- Gut sind weitere Instrumente zum Kennenlernen, z.B. Klangstäbe, Bongos, Trommeln, Triangeln.
- Vorteilhaft ist es auch, wenn man selbst ein Instrument zur Liedbegleitung spielt und die Kinder dadurch die Gitarre, ein Akkordeon o.Ä. kennenlernen können und auch mal selbst ausprobieren dürfen.
- Sinnvoll ist der Einsatz einer Handpuppe o.Ä., die die Kinder begrüßt, durch die Stunde begleitet, beim Kniereiter mitmacht usw.
- Für unsere Kinder ist ein Stoffhase, „der Baba-Hase", beim Echospiel von großer Bedeutung.
- Wichtig ist auch ein ausreichend großer Raum, in dem man neben einem Kissensitzkreis auch Platz zum Tanzen hat.
- Für den ebenso wichtigen Cafébetrieb benötigt man gute Räumlichkeiten und Spielzeug für die Kinder, aber vor allem jemanden, der/die dies alles mit Herz und Liebe betreut.

Empfehlungen

Wenn man mit „Musik von Anfang an"-Kursen starten möchte, stehe ich gerne für weitere Informationen zur Verfügung. Zudem ist es empfehlenswert, sich wegen Seminarangeboten mit der „Christlichen Gemeindemusikschule der Apis" in Verbindung zu setzen.

Sigrun Röger, Uffenheim

25. „... weil ich hier so glücklich bin!" – Mittagessen für Schulkinder in Uetersen

Jeden Mittwochmittag in Uetersen: 40 bis 60 Tornister, Jacken, Sporttaschen und die dazugehörigen Kinder der benachbarten Grundschule bevölkern das Haus der landeskirchlichen Gemeinschaft. Es wird getobt und Fußball gespielt, einige erholen sich von der Schule, andere machen Hausaufgaben. Das gemeinsame Mittagessen bietet Raum zum Erzählen und Lachen – eben Tischgemeinschaft.

Früher Abend in Uetersen-City: Eine Gruppe Jugendlicher kommt mir entgegen.

Einer ruft: „Hallo Katrin!" Ach, das ist ja Hasan, und auch Ali ist dabei. Vor Jahren kamen sie regelmäßig mittwochs zum Mittagessen für Schulkinder ins Martin-Luther-Haus.

„Was macht ihr denn jetzt?", frage ich. Hasan lernt einen handwerklichen Beruf, Ali will das Fachabitur machen.

An einem Mittwoch beim Mittagessen im Martin-Luther-Haus: Selma sagt zu mir: „Ich nenn' das jetzt Smiley-Luther-Haus, weil ich hier so glücklich bin!" Ich habe einen Kloß im Hals ...

Hanna besucht uns. Sie ist jetzt 14 und war eines der herausforderndsten Kinder ihres Jahrgangs. Die Großen – die auf der weiterführenden Schule – dürfen uns einmal im Jahr besuchen. Plötzlich, vor dem gemeinsamen Mittagessen, hält sie eine kleine Ansprache, sagt „Danke" für die Zeit bei uns. Wir Mitarbeitende sind erstaunt und gerührt.

Ausgangssituation

Das Martin-Luther-Haus in Uetersen bietet seit 2002 einmal wöchentlich (außerhalb der Ferien) Mittagessen, Hausaufgabenhilfe, Sport und Spiel für Kinder einer nahe gelegenen Grundschule an. Es kommen wöchentlich zwischen 40 und 60 Kinder der 1. bis 4. Klasse. Etwa die Hälfte von ihnen kommt aus Migrantenfamilien unterschiedlichster Herkunftsländer. Das Angebot ist kostenlos und die Kinder kommen ohne vorherige Anmeldung.

Idee

Der Anstoß zu dem Projekt war eine Anfrage der Schule an alle Kirchengemeinden Uetersens. Etwa zeitgleich hatten drei Frauen aus der Gemeinschaft die Idee, ein sozialdiakonisches Projekt für Kinder anzubieten. Sie wollten mit den Kindern gesund und lecker essen, ihnen Zeit und Zuwendung schenken, Gastfreundschaft leben und die Gemeinde in der Stadt bekannt machen.

Benötigte Ressourcen

Etwa 15 Mitarbeitende der Gemeinde im Alter von Ende 40 bis Mitte 80 sind direkt an der Arbeit beteiligt – durch Spielen, Hausaufgabenhilfe, Kochen und Abwaschen. Daneben arbeiten auch weitere Ehrenamtliche (z.B. des Freiwilligenforums Uetersen) mit. Das Projekt wird außerdem von Gemeindegliedern durch Gebet, Spenden und Reinigungsarbeiten unterstützt.

Es ist ein buntes, fröhliches Miteinander und den älteren Mitarbeitenden tut es besonders gut, gebraucht zu werden und eine sinnvolle Aufgabe zu haben. Seit 2008 gibt es einen Kooperationsvertrag mit der Uetersener Tafel, die seitdem die Kosten für die Lebensmittel übernimmt. Die „Uetersener Stiftung für die Jugend" hat die Arbeit in den letzten Jahren mehrfach durch Spenden für Sport- und Spielgeräte unterstützt.

Seit August 2010 bin ich (Marie Ahlmann-Eltze) im Martin-Luther-Haus als Gemeindepädagogin für Kinder- und Jugendarbeit angestellt. Ich begleite das Projekt aus pädagogischer und missionarischer Sicht. So soll die Zusammenarbeit gestärkt, den Kindern ein bestmöglicher Raum zur Entfaltung gegeben und Verknüpfungen zur Gemeindearbeit geschaffen werden.

Erfahrungen

Das „Mittagessen für Schulkinder" hat sich in der Stadt etabliert und die Gemeinde im Martin-Luther-Haus ist durch das Projekt bekannter geworden. Nachdem zu Anfang noch mit Handzetteln und Plakaten in der Schule geworben wurde, kommen die Kinder nun durch Mundpropaganda. Sie fühlen sich wohl, nehmen auch andere Gemeindeangebote wahr und bringen wieder neue Kinder mit. Einzelne Kinder, die inzwischen weiterführende Schulen besuchen, kommen auch nach Jahren gerne noch mal zu Besuch. Immer wieder ergeben sich auch Kontakte und Gespräche mit Eltern.

Inzwischen gibt es eine Jungschar, die die am Mittagessen teilnehmenden Kinder speziell in den Blick nimmt und gezielt einlädt. Niederschwelliges Erzählen von biblischen Geschichten mit evangelistischer Zielrichtung, Spielen und Basteln bilden das Programm. Spannend und chancenreich wird die Integration in die Landesjungschararbeit durch Freizeiten und Jungschartage sein. Es zeigen sich in jedem Fall Entwicklungen: Die Gruppe wächst, einige stellen Fragen wie „Marie, an Ostern, da wurde doch Gott getötet, oder?" oder sie berichten von ersten Gebetsversuchen – es rumort!

Empfehlungen

- Unabdingbar ist die Unterstützung der Gemeinde durch Gebet, Reinigungsarbeiten, Küche, Vertretungen.
- Solche Projekte werden gern gefördert, man kann mutig Spenden sammeln.
- Die Zusammenarbeit mit der Tafel ist ein Glücksgriff, vielleicht lässt sich so etwas auch in anderen Orten realisieren?

„Kirche ist nur Kirche, wenn sie für andere da ist." Dieses Wort von Dietrich Bonhoeffer bewegt uns. Wir wollen Gottes Liebe weitergeben und sind gespannt, was er daraus wachsen lässt!

Katrin Obermeyer und Marie Ahlmann-Eltze,
Gemeindepädagoginen in der Landeskirchlichen Gemeinschaft Uetersen

26. Interessenorientierte Jugendarbeit am Beispiel von TEN SING

„Du, Kerstin, was gehört eigentlich dazu, wenn man sich taufen lassen will?"

Mit großen Augen schaue ich Jenni an. Heute Abend ist wieder TEN SING, unser musikalisch-kreatives Jugendprojekt, das wir vor fast zwei Jahren gestartet haben. Jenni ist die Erste und wir sind allein im Raum.

„Was hast du mich gerade gefragt? Frag mich noch mal! Du willst dich taufen lassen?" Ich bin total perplex. Und dann lächele ich sie an, wir setzen uns auf einen Tisch und reden.

Wie alles begann ...

Im September 2009 starteten wir gemeinsam mit Unterstützung des CVJM Sachsen und einem großen Schnupperwochenende TEN SING Pirna. Das war das Ergebnis eines längeren Nachdenkens über die Jugendarbeit in unserer Kirchengemeinde und im EC. Unsere Frage war: Was könnte ein neues Konzept für unsere Jugendarbeit sein und wann kommen Jugendliche eigentlich zu bestehenden Gruppen in der Gemeinde dazu? Wir können nicht erwarten, dass einfach so jemand den Weg in unsere Jugendkreise finden wird, warum auch? Vielleicht noch wegen einer guten Freundin, aber mehr auch nicht.

Leicht ist es dagegen, Jugendliche für etwas zu gewinnen, wenn man ihren Interessen mit Angeboten entgegenkommt und ihre Neugierde darauf weckt. Da wir einige musikalische Leute in unserer Runde hatten, war schnell die Idee geboren, über Musik Jugendliche zu erreichen (genauso gut möglich ist aber auch Sport oder irgendein anderes Hobby). Was liegt da näher als das erprobte Konzept von TEN SING?

Mit Schuleinsätzen des kleinen TEN SING-Einsatzteams („Sachsenprojekt") an drei Mittelschulen in Pirna erreichten wir viele Schüler im Musikunterricht, sodass wir mit ca. 30 Jugendlichen TEN SING Pirna gründen konnten. Ansprechpartner war für uns im Vorfeld die Referentin des CVJM Sachsen für Offene Arbeit und TEN SING.

Konzeption

Die ausführliche Konzeption kann man bei TEN SING Deutschland abrufen. Grundsätzlich wird viel Wert darauf gelegt, dass die Jugendlichen selbst die Leitung der einzelnen Bereiche übernehmen, dadurch ihr Selbstvertrauen gestärkt wird und ihre Begabungen gefördert werden. Ein kurzer geistlicher Impuls ist bei jeder Probe fester Bestandteil. Die Liedauswahl, das Theaterstück und alles andere liegen in den Händen der Jugendlichen. So wird innerhalb eines Schuljahres eine gemeinsame Bühnenshow erarbeitet, die dann kurz vor den Sommerferien zur Aufführung kommt.

Organisation

Träger sind bei uns in Pirna der EC und die Kirchengemeinde, die sich auch jeweils von hauptamtlicher Seite aus beteiligen. Dazu kommen eine ehrenamtliche Mitarbeiterin in der Küche, ein Mitarbeiter in der Organisation und Technik und einer am Schlagzeug, alle anderen Mitarbeitenden sind Jugendliche.

Jeden Freitag treffen wir uns von 17 bis 20 Uhr und starten mit einer gemeinsamen Chorprobe und Einsingen für alle. Dem schließt sich um ca. 18.15 Uhr ein geistlicher Impuls von wenigen Minuten an, bevor es mit einem Tischlied zum Essen geht. Ab 19.00 Uhr treffen sich dann die einzelnen Workshops. Bei uns in Pirna sind das die klassischen TEN SING Workshops: Tanz, Band, Theater. Denkbar ist alles, was aufgeführt werden kann und wofür es Workshopleiter gibt. Am Ende bilden wir einen gemeinsamen Abschlusskreis, den wir vor Kurzem streichen wollten, aber der von den Jugendlichen dann wieder eingefordert wurde. Wir fassen uns mit überkreuzten Armen an den Händen, geben noch abschließende Dinge bekannt und drehen uns dann mit einem lauten „Tschüss" aus der Runde raus.

Zweimal im Jahr findet ein Probenwochenende statt und eine „24-Stunden-TEN SING"-Probe. Von TEN SING Sachsen wird zusätzlich noch jedes Jahr ein großes Sachsenseminar und eine gemeinsame Konzertnacht angeboten. Alle paar Jahre findet ein europaweites TEN SING Festival mit ca. 3 000 TEN SINGern statt.

Wie es bisher lief

Wir sind inzwischen beim zweiten Durchlauf angelangt und sind ungefähr 25 TEN SINGer. Da wir mit sehr jungen Jugendlichen (13- bis 14-Jährige) gestartet haben, war zu Beginn noch sehr viel Leitung notwendig, was sich inzwischen mehr und mehr verändert. Schwierig war auch, dass in unserer Band viele Jugendliche ihr Instrument noch gar nicht spielen konnten. Einige Details waren unklar: Wie und nach welchen Kriterien suchen wir die Lieder am besten aus? Wie schreibt man gute Chorsätze, die unsere Jugendlichen nicht überfordern? Wie schreibt man ein Theaterstück, das die Lieder und den Tanz mit einbaut, aber nicht langweilig und ein bloßer Lückenfüller wird?

Der Charme von TEN SING liegt nicht darin, dass nur die besten singen und spielen dürfen, sondern alle, die sich trauen. Dementsprechend klingt es manchmal auch bei der Premiere.

Unsere ursprünglichen Probenräume mussten wir aufgeben, weil TEN SING der Gemeinde zu unordentlich und chaotisch war. Unsere neuen Probenräume (Haus der Landeskirchlichen Gemeinschaft und Kirchengemeindehaus) tun unserer Atmosphäre sehr gut und es entsteht so langsam eine Eigendynamik und ein „TEN SING Feeling".

Das zweite Jahr läuft nun schon viel routinierter. Der Gesang hat sich verbessert, die Band ist eingespielter und die Leitung des Tanz- und des Theaterworkshops wurde von Jugendlichen übernommen. Das größte Wunder ist für mich persönlich, dass ich inzwischen nicht mehr mit der geistlichen Leitung allein bin. Es hat sich ein kleines Team von Jugendlichen gebildet, die im Wechsel mit mir den Impuls übernehmen und auch bei den Probenwochenenden den geistlichen Rahmen mitgestalten.

Bei allem Auf und Ab bin ich überzeugt von dieser interessenorientierten Jugendarbeit. Es ist einfach, Leute einzuladen. Das kann genauso gut zu einer missionarischen Geocach- oder Intercrosse-Gruppe sein oder zum gemeinsamen Kochduell, Fotografieren ... Der Fantasie und den Interessen sind keine Grenzen gesetzt!

Kerstin Schubert

Evangelistin beim Landesverband Landeskirchlicher Gemeinschaften Sachsen, Pirna

27. Leuchtturm im Plattenbau

Ausgangssituation

Weil wir Jesus nachfolgen wollen, suchen wir die Orte auf, wo die Menschen leben. Praktisch bedeutet das für uns: Wir gehen in die Plattenbausiedlung Distelberg in Güstrow. Dort gibt es fünfstöckige DDR-Wohnklötze, vier Supermärkte, zwei Schulen, eine Menge Hunde, die mit ihren Herrchen und Frauchen Gassi gehen, und viele Kinder, die auf der Straße spielen. Hoffnungslosigkeit schaut aus jedem Fenster und aus vielen Augen. 20 Prozent Arbeitslosigkeit und doppelt so viele Alkoholtote wie im Bundesdurchschnitt, so etwas prägt auch die Stimmung einer Region.

Die meisten Menschen hier haben noch nie in ihrem Leben von Gott gehört – jedenfalls nicht so, dass sie das berührt oder wenigstens zum Nachdenken angeregt hätte. Und fast keines der Kinder dort weiß, dass es die Bibel gibt. Woher auch? In Mecklenburg geht von hundert Einwohnern nur einer regelmäßig in einen Gottesdienst! Deshalb gehen wir direkt zu den Leuten.

Idee

Wer ist „wir"? Zwei Mädels aus dem EC-Jugendkreis und der Prediger der Landeskirchlichen Gemeinschaft haben im Oktober 2006 mit vier Kindern eine Jungschar begonnen. Schwester Gretel, eine Pastorin im Ruhestand, hatte bereits Kontakt zu einer Familie mit 14 Kindern vom Distelberg. Kennengelernt hatte sie diese Kinder „zufällig" auf der Straße nach einem Hausbesuch bei einer älteren Dame. Ein kleiner Raum in einem Behindertenwohnheim diente alsbald als Ort für Schwester Gretels wöchentliche Kinderstunde im Plattenbau. Doch nach einiger Zeit musste etwas für die größer gewordenen Kinder her. So begannen wir die Jungschar – ohne einen Stamm „frommer" Kinder und ohne die Erfahrung, wie man so etwas macht. Einmal im Monat fuhren wir los, holten die Kinder direkt von zu Hause ab und sprachen mit ihrer Hilfe jedes Mal wieder Neue an. Aus der privaten Initiative einer alten Dame war ein Miniprojekt einer Gemeinde geworden.

Erfahrungen

Singen mit Kindern, die sonst nie singen, biblische Geschichten erzählen und mitspielen lassen, gemeinsam Tee trinken und Kekse essen, vor dem Essen beten – das alles war neu für sie. Immer mehr kamen dazu. Dann klinkte sich unser Jugendleiter im Sommer 2007 als Mitarbeiter ein und fuhr jeden Tag auf den Distelberg. Er spielte mit den Jungs Fußball, zog mit einer Schar von 15 Kindern in den Supermarkt, um Äpfel zu kaufen, sang mit ihnen auf der Straße Bewegungslieder – auch die älteren Einwohner dort hatten so etwas noch nie gesehen. Für viele Kinder ist es etwas ganz Neues, dass sich ein Erwachsener einfach so mit ihnen unterhält oder mit ihnen spielt. Die Eltern packen es oft nicht (die meisten Kinder wachsen z.B. ohne Vater auf), und die Lehrer in der Schule erwarten natürlich Leistung.

„Warum seid ihr so nett zu uns?", fragte Tim gleich zu Beginn unserer Arbeit.

„Weil Jesus dich lieb hat und wir auch!" Das glaubte er uns.

Inzwischen haben wir Kinderevangelisationen, Sommerlager und ein Teencamp durchgeführt, viele Feste gefeiert, Krippenspiele aufgeführt, Mitarbeitende verabschiedet und neue willkommen geheißen. Und seit 2008 haben wir einen kleinen Laden angemietet. Er heißt „Der Leuchtturm" und ist fast jeden Tag erhellt. Da gibt's jetzt die Kinderstunde, die Jungschar, zweimal in der Woche Hausaufgabenhilfe, Spiele, Bastelangebote und ganz exotisch für den Nordosten: Intercrosse.

Wirklich peppig und fetzig sind wir allerdings nicht. Kaum einer von uns kann Gitarre spielen und wir sind froh, dass es z.B. das JUMAT-Heft vom EC-Verband gibt, in dem wir uns komplette Stundenentwürfe abgucken können. Wir versuchen, treu unsere Arbeit zu tun und die Kinder lieb zu haben. Einfach ist das nicht immer. Kinder und Mitarbeitende, die einem ans Herz gewachsen sind, müssen wegziehen oder Eltern verbieten ihren Kindern, zu uns zu kommen. Wir haben uns diese Arbeit nicht ausgesucht oder von langer Hand geplant. Jesus hat uns da hineingeführt und ist uns bis heute treu geblieben. Wir bieten diese Angebote an, weil wir spüren, dass sein Herz für diese Kinder schlägt.

Nun haben wir durch eine Stiftung die Möglichkeit bekommen, einen hauptamtlichen Mitarbeiter anzustellen. Er wird die Gelegenheit haben, für mehr Kontinuität bei Eltern und Kindern zu sorgen und größeres Vertrauen zu schaffen. Wahrscheinlich stehen wir erst am Anfang eines Abenteuers.

Benötigte Ressourcen und Empfehlungen

Will ein Jugendkreis oder eine Gemeinde etwas Ähnliches starten, denen sei gesagt: Kinder, auch die von Kinderarmut betroffenen, brauchen nichts nötiger als Zeit und Liebe. Es reicht schon aus, einfach dort hinzugehen und bei ihnen zu sein, wo die Kids abhängen. Oder mit ihnen Verstecken oder Fußball zu spielen, Lieder zu singen usw. In unserer hochtechnisierten Zeit begeistern wieder die einfachen Dinge.

Wenn sich dann Freundschaften entwickelt haben, kann man die Kinder zu sich einladen. Aber wahrscheinlich müssen sie von zu Hause abgeholt werden. Dann können ihnen Mitarbeitende mutig von ihrem Leben mit Jesus und die Geschichten aus der Bibel erzählen. Die Kinder sind viel offener, als wir vermuten. Eine gute Idee ist es auch, mit den Kindern gemeinsam zu essen und viel Zeit mit ihnen zu verbringen.

In so einer Arbeit sind zwei Leute, die sich mit Herzblut engagieren, mehr wert als 20 Mitarbeitende, die nur sporadisch mithelfen (können). Natürlich braucht man trotzdem einen Kreis bzw. eine Gemeinde, die diesen Dienst mitträgt. Besonders nötig ist Geduld, viel Geduld. Die Kinder und ihre Eltern merken, ob es ernst gemeint ist oder ob jemand auf schnelle und einfache „Missionserfolge" aus ist.

Ein Raum ist zumindest für den Anfang nicht unbedingt nötig. Wichtig ist es, auf der Straße zu sein und in die Häuser zu gehen. Zu schnell wird sonst aus einer „Geh-Struktur" wieder eine „Komm-Struktur".

Daniel Queißer

Prediger in Güstrow
www.leuchtturm-guestrow.de

28. Die gesamte Gemeinde in der Jugendarbeit – Konfirmandenarbeit als Gemeindeprojekt

Unterschiedliche Konzepte für gelingende Konfirmandenarbeit gibt es wie Sand am Meer. Brauchbar ist vieles und welche Form für die eigene Gemeinde die richtige ist, muss wohl überlegt sein.

Ich werde mir nicht anmaßen, unser Konzept als das beste anzupreisen. Dennoch möchte ich unser Herzstück gerne weitergeben, weil auf diese Art Gemeinde ein Stück zusammenwächst: Mentoren aus einer ganz anderen Generation helfen den Konfirmanden, erste Schritte in der Gemeinschaft und im Glauben zu tun.

Im Idealfall merken Teens: Die Alten stören nicht, sondern sie gehören wie ich zu einer Familie, die in dieser Gemeinschaft zu Hause ist. Und Ältere merken, dass jung sein nicht automatisch „unchristlich sein" bedeutet.

Ausgangssituation

Bis zum Sommer 2007 wurden Kinder, die ihre Kinderstunden- und Jungscharzeit bei uns im Gemeinschaftsverband genossen hatten, in den umliegenden Kirchengemeinden konfirmiert und fanden danach meist nicht den Weg zu uns zurück. Sie wurden im Idealfall in den Kirchengemeinden heimisch, manchmal aber auch nicht. Es entstand der Wunsch, jungen Menschen ein geistliches Zuhause zu geben, für sie eine christliche Familie zu sein. So entstand in Absprache mit der Nordelbischen Kirche ein verbandsübergreifendes Konfirmandenprojekt für unsere Gemeinschaften.

Der meiste Unterricht findet dabei auf überregionalen Freizeiten statt. Ein 10-tägiges Konfi-Intensiv-Camp und zwei Konfi-Wochenenden decken den größten Teil des Lernstoffes ab. Darüber hinaus sollen die Konfirmanden ihre jeweiligen Heimatgemeinden kennen- und lieben lernen. Dabei spielen neben den wenigen Unterrichtseinheiten vor Ort die Mentoren eine ganz zentrale Rolle.

Idee

Jeder Konfirmand bekommt ein älteres Gemeinschaftsmitglied als Mentor zur Seite. In einem Gemeindepraktikum begleitet der Konfirmand seinen Mentor bei den Aufgaben, die dieser regelmäßig in und für die Gemeinschaft tut. So lernt er einzelne Arbeitsbereiche in der Gemeinde konkret kennen und erlebt exemplarisch die Vielfalt von Gemeinschaftsarbeit. Seine ersten Erfahrungen macht er ganz eng zusammen mit einem Menschen einer anderen Generation, den er später wöchentlich in der Gemeinschaft wiedertreffen kann. So entstehen ungezwungene Kontakte, die ein familiäres Grundgefühl in den Gemeinschaftsräumen entstehen lassen. Außerdem bekommt der Konfirmand einen erfahrenen Mitchristen zur Seite, durch den er einen natürlichen Umgang mit dem Glauben und der Bibel im Alltag kennenlernt, denn auch die gemeinsame „Stille Zeit" gehört zum Mentoringkonzept.

Erfahrungen

Lea (14), die jüngste Konfirmandin in diesem Jahr, hat mit Henner (84) den ältesten Mentor an der Seite. Er ist Prediger im Ruhestand, war viele Jahre Jugendreferent und hat ein Herz für junge Menschen. Beide verfassen gemeinsam eine Andacht für unseren Gemeindebrief und entdecken dabei Leas Begabung für solche Dinge. Lea hat einen Opa gewonnen und lässt sich gerne helfen, wenn sie erste Schritte in Bereiche geht, die für sie neu sind. Anschließend probiert sie sich in der Gottesdienstmoderation und in der Gemeindebriefredaktion aus.

Klara (14) hat mit Christa (68) eine Mentorin neben sich, mit der sie in den Dienstbereich des diakonischen Besuchsdienstes hineinschnuppert. Zusammen besuchen sie eine 97-jährige Dame, die nicht mehr in die Gemeinschaft kommen kann. Sie singen und beten gemeinsam und spielen oder puzzeln anschließend. Auch nach der Konfirmandenzeit fragt Klara nach der alten Dame und will gerne weiterhin zu Besuchen mitkommen.

Benötigte Ressourcen

Für die Mentoren ist der Arbeitsumfang gar nicht so groß. Sie nehmen „ihren" Konfirmanden mit hinein in die Tätigkeiten, die sie selbst bereits übernommen haben. Allerdings ist keiner der eingespielten Handgriffe mehr selbstverständlich und Termine, die sonst vielleicht regelmäßig z.B. auf einem Vormittag lagen, müssen mit den Konfirmanden abgestimmt werden. Von den Mentoren wird also ein gewisses Maß an Flexibilität gefordert.

Ebenfalls braucht es für die Mentoren eine Form von Begleitung. Es muss z.B. gemeinsam überlegt werden, welche Tätigkeiten das Gemeindepraktikum ausmachen können.

Empfehlungen

Die Gemeinschaft sollte auf das Mentoringmodell vorbereitet werden. Dann werden auch Gemeindeglieder, die keine Mentoren sind, betend und begleitend, mitdenkend und helfend engagiert sein.

Empfehlenswert sind auch Treffen, bei denen Mentoren sich für Freizeitbeschäftigungen der Teens gewinnen lassen. So werden unterschiedliche Generationen zu Freunden. Sie lernen gegenseitig, woraus das Leben der jeweils anderen besteht. Das macht am meisten Spaß, wenn alle Konfis gemeinsam mit ihren Mentoren unterwegs sind.

Thomas Seeger

Prediger in der Gemeinschaft in der Evangelischen Kirche, Neumünster

29. Lebendiges Bibelteilen

Ausgangssituation

Wie bringe ich meine Teens dazu, dass sie in der Bibel lesen? Wie können wir bei ihnen Interesse daran wecken und sie neugierig machen?

Schwierige Fragen, die wir uns im Mitarbeiterteam des Teenkreises gestellt haben. Doch nach einiger Zeit kam uns eine Idee.

Idee

Unser Teenkreis gehört zu einer Gemeinde, in der viele die Bibel lesen. Zu diesen Menschen hat Gott durch die Bibel mit Sicherheit das ein oder andere Mal gesprochen. Die Gemeindemitglieder haben somit erlebt, dass die Bibel kein verstaubtes Märchenbuch ist, sondern dass Gottes Wort lebendig ist. Diese Erlebnisse der Bibelleser müssen wir den Teens erzählen bzw. müssen wir die erzählen lassen, die es selbst erlebt haben.

Also haben wir das „lebendige Bibelteilen" erfunden und fragen nun immer wieder Menschen in der Gemeinde, ob sie mit uns als Teenkreis ihre Erlebnisse, die sie mit der Bibel gemacht haben, teilen. Wir suchen hierfür nach zwei Menschen, Ehepaaren oder Familien, die bereit sind, den Teens von einem konkreten Erlebnis mit einem bestimmten Bibelvers oder -text zu erzählen.

Wenn wir uns zum Teenkreis treffen, lesen wir zu Beginn die Verse, die uns die beiden genannt haben. Wir tauschen uns kurz darüber aus, was den Teens auf- und einfällt, um mit den Versen warm zu werden. Dann teilen wir uns in zwei Gruppen auf und jede Gruppe besucht einen der Bibelteiler.

Dort angekommen, gibt es eine kurze Vorstellungsrunde und dann beginnt das „lebendige Bibelteilen". Die Gastgeber erzählen davon, was sie mit Gott und der Bibel erlebt haben. Am Ende des Berichtes dürfen die Teens Fragen stellen. Nach ca. einer halben Stunde verabschieden wir uns wieder und beide Gruppen treffen sich, wie zu Beginn, im Teenkreis. Jetzt erzählen sie sich gegenseitig von den Erlebnissen, die sie gehört haben, und davon, was sie am tiefsten beeindruckt hat. Mit einer Gebetsrunde schließen wir den Abend ab.

Erfahrungen

Diese Methode überrascht und begeistert uns als Teenkreis immer wieder neu. Wir entdecken, wie Gott im Leben der Einzelnen wirkt, wir lernen uns gegenseitig als Gemeinde besser kennen und wir staunen über Gottes Reden im Hier und Heute. Und vor allem zeigt es uns allen (Mitarbeitenden und Teens), dass Gott auch heute noch durch sein Wort zu uns redet.

Denis Werth

Jugendreferent in der Landeskirchlichen Gemeinschaft, Neukirchen/Knüll

30. *Just More* – einfach mehr!

*„Just More ist einfach net zu beschreiben, aber ich probier es mal ... also ... *überleg* ... Für mich ist Just More echt wichtig, ich merke, dass mir etwas fehlt, wenn ich nicht da hingehe. Es ist mir wichtig, weil Leute dieselbe Einstellung wie ich haben, auch dorthin gehen und man so, wie man ist, angenommen wird. Jeder wird respektiert. Zusammen mit allen anderen kann man über Dinge aus dem täglichen Leben sprechen, und es gibt Leute, die einem dann auch einen Tipp geben können, wie man sich in bestimmten Situationen im Leben verhalten kann. Es ist jedes Mal schade, wenn die Zeit wieder einmal vorbei ist. Es gibt bei uns keine Gelegenheit, in eine solche Gruppe zu gehen."*

M., 15 Jahre

„Ich gehe dahin, um alle wiederzusehen und weil da so coole Themen besprochen werden, auf die ich alleine keine richtige Antwort finde."

A., 17 Jahre

„Bei Just More fühle ich mich wohl, weil wir viel lachen, alle total unterschiedlich sind und trotzdem eine wichtige Gemeinsamkeit haben; Themen behandeln, die meinen Alltag betreffen und weil da die Begeisterung für Jesus spürbar ist. Just More hilft mir oft, alles, was in einer anstrengenden Woche vor mir liegt, gelassener und ruhiger anzugehen. Bei Just More entdecke ich, wie unbegreiflich gut unser Gott eigentlich ist und dass ich mich auf jeden Tag, den ich mit ihm leben darf, freuen kann."
K., 20 Jahre

Was ist Just More?

Just More ...

... ist ein Ort, an dem sich Jugendliche treffen und gemeinsam Zeit verbringen können, an dem sie wissen dürfen: Hier bin ich immer willkommen!

... ist eine Zeit, in der Gott gelobt wird. In der er der Mittelpunkt ist.

... ist eine Zeit des Lernens und des Austausches.

... ist eine Möglichkeit, Erfahrungen mitzuteilen und zu übertragen, sich gegenseitig weiterzubringen und sich zur Seite zu stehen.

... ist eine Idee, Jugendliche zusammenzubringen, zu begeistern und motiviert in die Ortsvereine zurückzuschicken.

... ist die Gelegenheit, Gemeinschaft mit Gott und Menschen zu haben.

Just More ist eine Anlaufstelle für Jugendliche, die mehr wollen: mehr von Gott erfahren, mehr mit Gott erleben wollen.

Ausgangssituation und Idee

Die Idee zu *Just More* wurde aus der Beobachtung heraus geboren, dass junge Menschen nach den überregionalen Freizeiten in unserem großen CVJM-Kreisverband oft in ein „Loch" fielen. Das intensive Erleben von Glaube und Gemeinschaft ist vorbei und der schnöde Alltag hart – ein Bauchplatscher! Auf ein Freizeitnachtreffen ein paar

Wochen später haben sich alle gefreut, aber es wurde nicht mehr die intensive Gemeinschaft erlebt. Es musste etwas Neues her, etwas Intensives, etwas anderes.

Die Grundüberlegung war ein regelmäßiges Treffen mit Bibellesen, gemeinsamem Singen, aber auch Zeit, um ins Gespräch zu kommen und Gemeinschaft zu pflegen. Gesagt – getan. Ein Titel wurde schnell gefunden: „Just More" (einfach mehr). Ein Logo haben die Teens später selbst entwickelt!

Just More findet nun seit acht Jahren alle zwei Wochen am Sonntagnachmittag statt. Im Laufe der Zeit kamen aus Grundkursen und weiteren Sommerfreizeiten neue Jugendliche und junge Erwachsene dazu. Aufgrund der vielen Teilnehmenden, meist zwischen 30 und 50 (interessanterweise sind das nicht immer die gleichen), musste das Konzept immer wieder angepasst werden, damit es nicht nur eine unpersönliche Massenveranstaltung wurde.

Konzept

Zu jedem *Just More*-Treffen werden alle potenziellen Teilnehmenden schriftlich eingeladen. Die meisten bekommen eine E-Mail, einige den guten alten Brief, und die sozialen Netzwerke wie Facebook, Wer-kennt-wen und ICQ werden ebenso genutzt. Das senkt die Hemmschwelle zu kommen, auch wenn man länger nicht da war, denn man hat eine Einladung in der Hand!

Ein Leitungsteam plant die Themen und übernimmt die einzelnen Impulse bzw. die Kleingruppenvorbereitung.

Am Sonntagnachmittag treffen sich die Mitarbeitenden in der Regel eine halbe Stunde vorher, also um 15.30 Uhr, um durchzusprechen, was in dem Impuls und in den Kleingruppen passieren soll. Um 16.00 Uhr kommen die Teilnehmenden und wir nehmen sie herzlich in Empfang. Nach der offiziellen Begrüßung und ein paar Liedern der Band gibt es einen Impuls zum jeweiligen Thema, also generelle Gedanken und biblische Aussagen. In den anschließenden Kleingruppen, die inzwischen das Herzstück von *Just More* sind, wird der Impuls mit Fragen oder Aktionen noch mal vertieft. Am Ende der Kleingruppenphase kommen alle wieder zusammen und die Ergebnisse werden zusammengetragen, meist noch kurz reflektiert und in den Gesamtzusammenhang eingefügt.

Nach dem Abschluss, bestehend aus Gebet und weiteren Liedern, gehen alle gemeinsam in die Jugendräume und spielen Billard oder Kicker, essen und trinken noch etwas. Vor allem ist dies noch einmal eine sehr intensive Zeit der Begegnung und des Gesprächs. Gegen 18.30 Uhr ist *Just More* zu Ende (also nach etwa zweieinhalb Stunden).

Erfahrungen

Die „Ur-Just Moreler", also die, die schon seit einigen Jahren dabei sind, übernehmen inzwischen auch Verantwortung und leiten die Kleingruppen oder geben manchmal schon selbst Impulse. So bildet sich immer wieder ein neues Leitungsteam.

Benötigte Ressourcen

Wünschenswert ist, dass die Mitarbeitenden der Freizeiten auch die *Just More*-Mitarbeitenden sind, denn so ist für viele Teilnehmende der Weg zu *Just More* leichter. Grundsätzlich ist *Just More* ein Konzept für eine Kreisverbandsebene mit einer hauptamtlichen Kraft. Doch nach der Startphase kann dieses Konzept auch ehrenamtlich verantwortet stattfinden (wie sich durch Hauptamtlichenwechsel und Vakanzzeiten gezeigt hat).

Anke Schwarz

CVJM-Bundessekretärin im CVJM Westbund

31. *vis-à-vis –* Mitarbeitende brauchen geistliche Räume

Ausgangssituation

Im Evangelischen Jugendwerk des Kirchenbezirks Besigheim (Württemberg) entstand der Wunsch nach einer Plattform der Begegnung für junge Mitarbeitende. Das Ziel war, den Mitarbeitenden eine „geistliche Mitte" als Treffpunkt mit Gott und den Menschen zu bieten.

Idee

Daraus entstand die Idee des Gottesdienstes *vis-à-vis* (in Gott und Menschen ein Gegenüber haben) mit einem Schwerpunkt auf 16- bis 26-Jährige. Folgende Rahmenbedingungen wurden mit diesem Projekt beschlossen: Der Gottesdienst soll einmal im Monat (an jedem 2. Sonntag) mit gleichbleibendem Ablauf (möglichst wenig Aufwand) an einem gleichbleibenden Ort (Gemeindehaus mit Flair) stattfinden. Als Predigerinnen und Prediger werden Jugendreferenten, Pfarrerinnen und Pfarrer sowie Ehrenamtliche aus der näheren Region angefragt.

Der Ablauf findet nach einem bestimmten Raster statt, was nicht heißt, dass wir nicht immer wieder Sonderaktionen durchführen (Stationenelemente, Film, Anspiel, Aktion, Abendmahlsfeier, Aussendung von Mitarbeitenden usw.). Nach dem Gottesdienst werden die Besucher zum Bleiben eingeladen. Es werden Getränke zum Verkauf angeboten. Dazu gibt es immer kostenlose Hefezöpfe.

Erfahrungen

Die Stärke des Gottesdienstes *vis-à-vis* liegt darin, die Begabungen der jungen Menschen des Kirchenbezirks im Gottesdienst vorkommen zu lassen. Der Gottesdienst wird von Mitarbeitenden für Mitarbeitende durchgeführt und hat sich als wichtige geistliche Begegnungsplattform (ca. 100-150 Besucher/-innen) etabliert. Man trifft sich vor und nach Freizeiten, lässt für sich beten, trifft Freunde.

Benötigte Ressourcen

Für den Start und die stetige Durchführung des Gottesdienstes braucht es ein Kernteam, das mit Leidenschaft hinter diesem Gottesdienst steht. Dieses Team ist der Kopf des Gottesdienstes. Es legt die Themen für ein Jahr fest, sucht Prediger/-innen und hält den Kontakt zu einzelnen Teams und zur Gemeindehausverwalterin. Des Weiteren haben wir Teams installiert, die jeweils eine Teamleiterin bzw. einen Teamleiter bestimmen. Die Teams arbeiten selbstständig, sorgen für benötigtes Material und befinden sich im informellen Austausch mit je einer Person des Kernteams.

Mit der Zeit haben sich folgende Gegenstände als sinnvoll erwiesen:

- Moderatorenordner (mit Gebetsvorschlägen, verschiedenen Segenssprüchen und Psalmen), der dem jeweiligen Moderator rechtzeitig vor dem Gottesdienst gegeben wird
- bunte Dekorationslampen und eine Dekorationskiste mit Kerzen, Gläsern, Tüchern usw. (für ein gemütliches Ambiente)
- eine Musikanlage (Mischpult, Kabelzeug, Boxen), Headsets, Funkmikros, Beamer
- eine Liste mit Kontaktdaten der Teamleiter und des Kernteams
- eine Beschreibung für die Prediger (Zielgruppe, Organisatorisches, Wegbeschreibung)
- eine Pinnwand für den Aushang aktueller Veranstaltungen im Kirchenbezirk

Empfehlungen

Eine zentrale Ansprechperson, die die Gesamtleitung hat, ist durchaus sinnvoll. Hier laufen alle Fäden zusammen. In Besigheim ist das die für den Gottesdienst zuständige hauptamtliche Person.

Ein Gottesdienst dieser Art sollte je nach personellen und sachlichen Ressourcen gestartet werden. Der *vis-à-vis*-Gottesdienst startete mit wenigen Teams und ist diesbezüglich langsam expandiert.

Mitarbeitende benötigen Begleitung und Schulungsmöglichkeiten. Beides sollte offensiv angeboten werden.

Antje Metzger

Landesjugendreferentin im Evangelischen Jugendwerk in Württemberg

32. Missionarischer Frauenkreis in der Nachbarschaft

Idee

Als wir frisch umgezogen waren und unsere Nachbarn kennenlernten, stellten wir fest, dass unsere drei direkten Nachbarn Christen sind und mit uns in dieselbe Gemeinde in der nächsten Stadt gehen. Bald ließ mich der Gedanke nicht mehr los, dass wir Christen doch nicht nur unter uns bleiben können, sondern an unserem Ort missionarisch aktiv sein sollten. Ein Frauenkreis am Vormittag schien mir dafür eine gute Idee, da viele Mütter zu Hause waren, während die meisten Kinder den Kindergarten oder die Grundschule besuchten.

Verbündete

Meine Idee teilte ich einer Nachbarin mit und gemeinsam überlegten wir, wann, wo und wie ein solcher Frauenkreis stattfinden könnte. Wir einigten uns auf Montagvormittag und das Thema „Hauptberuf Eltern", das wir mithilfe eines Serendipity-Heftes vom Brunnen Verlag besprechen wollten. Als Ort legten wir unsere privaten Wohnzimmer fest.

Einladung

Wir luden alle Frauen ein, die wir kannten und bei denen wir dachten, dass sie ein christlicher Gesprächskreis interessieren könnte. Und wir wurden sehr von Gott überrascht, wer sich dazu einladen ließ. Frauen, die wir nur halbherzig einluden, weil wir dachten, dass sie den christlichen Glauben ablehnen, kamen und beteiligten sich sogar an der Gebetsgemeinschaft. So kann man sich irren!

Erfahrungen

Viele der 20 Frauen, die nun seit drei Jahren beständig zum Frauenkreis gehören, hatten, wenn sie nicht mit ihrer Familie aktiv am gemeindlichen Leben teilnehmen, eine Berührung mit Kirche oder Glauben im Kindes- und Jugendalter. Die Teilnahme an Jungschar oder Jugendkreis ging dann irgendwann im Laufe der Pubertät verloren und die Bindung war nicht so fest, als dass sie auch Umzug, Studium und Heirat überstanden hätte. Die Erinnerungen sind nicht ausschließlich positiv, aber doch so prägend gewesen, dass die Frauen jetzt wieder daran anknüpfen und nach neuen Antworten suchen. (Lieder aus den 80er-Jahren sind darum bei uns sehr beliebt.) Das macht Mut für die regelmäßige Kinder- und Jugendarbeit. Der Same geht vielleicht nicht gleich, sondern erst 20 Jahre später auf.

Da die meisten von uns Kinder im ähnlichen Alter haben, trifft man sich schon mal auf dem Spielplatz, auf der Straße oder beim Bringen und Abholen der Kinder. Da gibt es so manchen Klatsch, den man eben noch an einer Straßenecke bespricht. Im Gegensatz dazu schätzen die Frauen die persönliche Austauschrunde und Gebetsgemeinschaft im Frauenkreis sehr. Die beiden Regeln „Nichts, was gesagt wird, dringt nach außen“ und „Keiner muss etwas sagen“ haben uns zu einer unglaublichen Tiefe an persönlichen Gesprächen verholfen, die auf der Straße und zwischen Tür und Angel so nie möglich gewesen wären. Die Frauen schätzen diese Offenheit und nehmen auch die Fürbitte sehr ernst.

Diese Verschwiegenheit macht manchen Ehemännern zu schaffen. Sie wissen nicht, was wir da machen und ob auch über sie geredet wird, und stehen dem Frauenkreis eher kritisch gegenüber. Das bringt manche Frauen in ein Dilemma. Eigentlich würden sie sonntags gern einen Gottesdienst besuchen, regelmäßiges Bibellesen und das Gebet in ihren Familien einführen. Aber wenn das die Familie spaltet? Ich stelle fest, dass man hier sehr behutsam vorgehen muss und die missionarische Arbeit mit Verheirateten wesentlich feinfühliger und langsamer vorangeht als mit ungebundenen Teenagern.

Frauenkreise haben ein gewisses Image. Auch unser Frauenkreis ist vor Vorurteilen nicht geschützt. Da durch den persönlichen Austausch tiefe Beziehungen entstanden sind, fühlen „Nicht-Frauenkreislerinnen“, dass sie nicht dazugehören, auch wenn wir das nicht vermitteln wollen. So betonen wir immer wieder, dass alle darauf achten sollen, wie sie den Frauenkreis nach außen darstellen. Ganz wird es nicht gelingen.

Zwischenstand

Mittlerweile sind wir vier Frauen, die den Kreis vorbereiten und im Gebet begleiten. Der Frauenkreis findet seit einiger Zeit abends statt, da doch die meisten am Vormittag wieder arbeiten gehen. Nach wie vor treffen wir uns in den Wohnzimmern der Frauen. Das ist manchmal etwas eng, aber trägt doch sehr zum persönlichen Gespräch bei. Der Frauenkreis findet alle drei Wochen statt und 20 Frauen nehmen daran teil.

Aus dem Frauenkreis hat sich eine Doppelkopf-Runde ergeben, die aus fünf Frauen besteht und zu der auch ich gehöre. Dort ergibt es sich meist, dass wenigstens kurz das Thema „letzter Frauenkreisabend“ angeschnitten wird. Für mich ist das eine gute Gelegenheit, um Rückmeldungen zu bekommen und ganz nebenbei zu erfahren, wie es den Frauen mit dem Thema ging, aber auch, was ihr allgemeines Wohlbefinden im Frauenkreis betrifft.

Die unerwartete Offenheit und das Interesse an einem christlichen Frauenkreis lassen mich immer wieder staunen und machen mir Mut, auch solche Frauen einzuladen, von denen ich nicht erwartet hätte, dass sie kommen würden.

Birgit Götz

Lektorin in Teilzeit beim BORN-VERLAG,
außerdem Mutter, Hausfrau und Nachbarin, Marburg

33. Chancen zwischen Kirche und Kommune

Ausgangssituation: Negative Schlagworte

„Leere Kassen, schwindende Gemeindegliederzahlen, Mitarbeitermangel" – das sind häufig Schlagworte, mit denen Frust und Enttäuschung in unserer „Reich-Gottes-Arbeit" geäußert werden. Auch wir, in unserem ländlich geprägten Kirchenbezirk in der Südpfalz, haben mit den Gegebenheiten zu kämpfen. Wir wollten uns aber damit nicht abfinden, deshalb haben wir nach Ideen und Lösungen gesucht ... und sind fündig geworden!

Idee: Verbündete suchen

Wir bewarben uns beim Land Rheinland-Pfalz um eine Förderung als „Haus der Familie" (HdF). Das Angebot unserer Kirchengemeinde passte gut in das Anforderungsprofil, da wir Angebote von der „Wiege bis zur Bahre" haben. Bewogen hat uns zu diesem Schritt unter anderem auch einer der Leitsätze unserer Gemeinde: „Wir wollen, dass niemand durch die Maschen fällt."

Erfahrungen: Positiv

Seit dem 01.09.2009 öffnen sich die Türen im Haus der Familie Bad Bergzabern für alle: für Kinder, Familien, Alleinerziehende, Alleinstehende, Große und Kleine, Alte und Junge, Männer und Frauen. Seitdem wird das HdF in Trägerschaft der Protestantischen Kirchengemeinde Bad Bergzabern durch das Land Rheinland-Pfalz und unseren Landkreis gefördert. Damit verbunden sind verschiedene Aufgabenbereiche, die es abzudecken gilt: Information (Welche Angebote gibt es in der Kommune?), Beratung (Wo bekomme ich Hilfe?), Bildungsangebote (Wie mache ich das?) sowie Kommunikation und Selbsthilfe.

Gäste finden im HdF vielfältige und verschiedene Angebote rund um das Thema Familie von A wie Alltagshilfe bis Z wie Zuwendung.

Kernstück des HdF ist die Cafeteria und die Suppenküche „Mahlzeit" . Montags und mittwochs gibt es eine warme Mahlzeit für Bedürftige im umfunktionierten Foyer unseres Gemeindehauses. Einer jungen Presbyterin unserer Kirchengemeinde war es ein besonderes Anliegen, den ärmeren Menschen unserer Stadt und Umgebung eine gute Mahlzeit zu ermöglichen. Außerdem wollten wir Einsamen die Gelegenheit geben, auf unkomplizierte Weise Kontakte mit anderen Personen zu knüpfen. Es ist tatsächlich gelungen, unterschiedliche Menschen zu Tisch zu bitten.

Zweimal in der Woche wird von unterschiedlichen Teams ein Zwei-Gänge-Menü zubereitet. Wir gestalten den Speiseplan je nach dem, was wir von der ortsansässigen „Tafel" oder von Bauern der Region geschenkt bekommen. Den Teams steht eine Küchenleitung vor, die das Essen und den Ablauf zu verantworten hat. Schon in der Küche arbeiten die unterschiedlichsten Personen miteinander: Hartz-IV-Empfänger, ein ehemaliger Professor, Rentner, Migranten. So gibt es eine bunte Mischung in der Küche und an den Tischen.

Neue Ehrenamtliche zu gewinnen war kein großes Problem; auch Spender für dieses konkrete Projekt fanden sich relativ leicht.

Am ersten und dritten Mittwoch eines Monats wird auch eine „Speise für die Seele" angeboten – eine kleine Mittagsandacht. Das Angebot wird von fünf bis zehn Personen wahrgenommen, die sonst nicht am geistlichen Leben der Gemeinde teilnehmen.

Die Mitglieder der Teams werden behutsam in das Gemeindeleben integriert. So gab es zum 1. Geburtstag der „Suppenküche" einen Gottesdienst am Reformationstag unter Beteiligung einiger Ehrenamtlicher.

Höhepunkt unserer Zusammenarbeit war das letzte Gemeindefest: Mitarbeitende der Diakonie und der Suppenküche „Mahlzeit", Pfarrerin, Dekan, Diakon, Sozialarbeiterin und etliche Ehrenamtliche gestalteten eine Modenschau mit gespendeten Kleidern für die „Kleiderkammer Klamotte". Diese Idee stammte von einer Mitarbeiterin unseres Kochteams.

Daneben gibt es im HdF verschiedene Vorträge z.B. über Depression oder Patientenverfügung, außerdem Erziehungskurse, Selbsthilfegruppen usw. Wir versuchen damit, Alltagshilfen anzubieten. Seit Neuestem ist dem HdF auch ein Möbellager angegliedert, das Bedürftigen gebrauchte Möbel zur Verfügung stellt.

Unsere Öffentlichkeitsarbeit wird im Wesentlichen über das Amtsblatt getätigt, in dem wir von der Kommune eine eigene Rubrik „Haus der Familie" eingerichtet bekamen und alle unsere Angebote dort unentgeltlich einstellen können.

Im öffentlichen Leben werden wir inzwischen stärker wahrgenommen; dies zeigt sich unter anderem am Spendenaufkommen. Manchmal werden wir auch direkt angefragt oder für Mittel (z.B. Sparkassenausschüttung) vorgeschlagen.

Benötigte Ressourcen: Räume

Voraussetzung für die Förderung und die Umsetzung sind natürlich die baulichen Gegebenheiten. Unser Gemeindehaus (Baujahr 1999) verfügt neben verschiedenen Räumen über eine gut ausgestattete Küche sowie ein entsprechendes Ambiente, um auch kirchenferne Personen anzusprechen.

Natürlich muss auch das Personal entsprechend vorhanden sein oder angestellt werden. In unserem Fall wird von der Förderung ein Teil meiner Stelle sowie eine Reinigungskraft bezahlt.

Empfehlungen: Beharrlichkeit

Seit wir uns auf diesen Weg gemacht haben, hat es auch immer wieder Rückschläge in der Zusammenarbeit mit der Kommune gegeben, dennoch sind insgesamt enorme Fortschritte gemacht worden. Beharrlichkeit und Geduld sind hierzu wesentliche Bestandteile. Es ist wichtig, immer wieder den „Schulterschluss" mit Stadt und Kommune zu suchen.

Durch das HdF engagiert sich unsere Kirchengemeinde nun stärker im sozialen Bereich. Das diakonische Handeln zeigt aber auch geistliche Früchte für unsere Gemeinde. Außerdem ist ein kleines Netzwerk „Trampolin" in der Stadt entstanden, dem verschiedene soziale Einrichtungen angegliedert sind.

Rainer Brunck

Familienreferent im Kirchenbezirk Bad Bergzabern

34. Freitagabend am Schlaatz

Kirche im Kiez

Freitag, 17.30 Uhr, Potsdam, Bürgerhaus am Schlaatz

Ein Plattenbaugebiet, in dem ungefähr 9 000 Menschen leben und das als sozialer Brennpunkt gilt. In einem zu DDR-Zeiten großzügig gebauten Bürgerhaus feiern wir einmal im Monat *Kiez-GottesDienst*.

Ein runder Stehtisch wird durch Kreuz, Altarkerze und einige Teelichter zum Altar. Davor stehen 16 Stühle. Am Eingang formen zwei Tische eine Sitzecke, hier gibt es Tee und Kekse.

Dann kommt die erste Besucherin, eine psychisch kranke Frau, die seit einigen Jahren dagegen kämpft, dauerhaft eingewiesen zu werden. Sie setzt sich, ich gieße ihr eine Tasse Tee ein, sie nimmt einen Keks, steht wieder auf und geht hinaus eine rauchen; oder zwei.

17.58 Uhr

Im Saal sitzen inzwischen acht Personen um den Tisch und unterhalten sich. Ich bin zur Eingangstür gegangen und bitte die Raucher – inzwischen sind es fünf – hereinzukommen, damit es losgehen kann. Alle setzen sich in die Stuhlreihen vor dem Altar.

18.15 Uhr

Anspiel: Drei Mitglieder des Vorbereitungsteams spielen eine Alltagsszene. Den Text lesen sie ab. Zum Auswendiglernen fehlen Zeit und Energie.

18.35 Uhr

Nach einer Zehn-Minuten-Predigt kann jeder seine Meinung sagen. Sofort ergreift die psychisch kranke Frau das Wort und gibt eine korrekte Zusammenfassung dessen, was ich gesagt habe. Sie kennt sich in Sachen Kirche und Glauben gut aus. Ein Zweiter meldet sich zu

Wort und erzählt von seiner Arbeitslosigkeit. Danach ein Dritter, der seine Wut auf Gott und die Menschen formuliert – ihm habe noch nie jemand geholfen. Eine Frau widerspricht: Sie habe in ihrem Leben erfahren, dass man Gott vertrauen kann. Das kommt ein bisschen dogmatisch rüber, sodass der Mann deutlich macht, er fühle sich mit seiner Wut nicht ernst genommen. Wir einigen uns darauf, dass verschiedene Erfahrungen im Raum stehen bleiben. Da erzählt eine Frau sehr persönlich von einer schwierigen Phase, aus der sie – Gott sei Dank – nach langer Zeit wieder herausgefunden habe. Die Atmosphäre ist jetzt sehr aufgeladen.

18.45 Uhr

Fürbitten: Wer mag, kann ein Teelicht anzünden und dazu sein Anliegen formulieren oder auch nichts sagen. Wieder spricht zuerst die psychisch kranke Frau, sie betet für ihren Sohn, „dass er nicht nach Afghanistan muss" (er hat seinen Wehrdienst vor zehn Jahren geleistet ...). Ansonsten bleibt die Beteiligung heute spärlich. Zwei Besucher formulieren noch ein Anliegen, dann spreche ich ein abschließendes Gebet und wir beten gemeinsam das Vaterunser. Der Text ist im Liederheft abgedruckt.

19.15 Uhr

Nun sitzen noch neun Personen in der Teerunde. Das Gespräch dreht sich um Konflikte mit Kollegen oder dem Fallmanager beim Arbeitsamt. Einer bringt noch einmal das Gottesdienstthema auf: Er habe ja keine Ahnung vom Glauben und würde nie etwas im Gottesdienst sagen, aber eine Meinung habe er doch. Er sagt etwas sehr Kluges.

20.00 Uhr

Vor einer halben Stunde habe ich die Runde aufgelöst. Zwei, drei haben beim Aufräumen mit angepackt. Jetzt habe ich zwei Stoffbeutel mit Kreuz, Teekanne und Kerzen auf mein Fahrrad geschnallt und die Gitarre auf dem Rücken. Feierabend!

Lohnt sich das? Der ganze Aufwand, die Saalmiete für einen Gottesdienst mit zwölf oder fünfzehn Personen, wenn in unserer Muttergemeinde jeden Sonntag über 100 Leute zusammenkommen? Eine ganze Personalstelle für einen Stadtteil, in dem sowieso fast niemand in der Kirche ist (ca. 6 Prozent)? Lohnen sich die wöchentlichen Gruppen, die mal von vier, mal von zwölf Leuten besucht werden? Die Stadtteilrunden mit anderen sozialen Akteuren, mit denen wir manches koordinieren können, aber letztlich doch nicht verhindern, dass sich Arm und Reich in unserer Stadt auseinanderentwickeln?

Muttergemeinde und Kirchenkreis sagen dankenswerterweise Ja. Weil wir Menschen erreichen, die sonst nicht zur Kirche gehen. Weil Kirche hier einmal nicht bildungsbürgerlich geprägt auftritt. Weil einige, die hier Zutrauen gefasst haben, nun in unterschiedlichen Gemeinden Heimat gefunden haben – evangelisch, katholisch, freikirchlich. Weil wir ein Zeichen setzen, dass Menschen vom Rand der Gesellschaft in der Kirche Platz haben – nicht als Hilfeempfänger, sondern als Glieder am Leib Christi, die diesen Leib bereichern und komplettieren.

Lohnt sich das? Ich kann die Frage nicht abschließend beantworten. Aber sie tritt in den Hintergrund, wenn sich Menschen in beeindruckender Weise füreinander öffnen, wenn man spürt, welche Bedeutung ein Bibelwort oder ein Lied für manchen annehmen kann. Dann denke ich manchmal an einen Bibelvers, der mir wichtig ist: „Denn das Reich Gottes ist mitten unter euch" (Lukas 17, 21).

Ausgangssituation

Unser Stadtteil ist ein Plattenbaugebiet in Potsdam, das als sozialer Brennpunkt gilt. Hier leben knapp 9 000 Menschen, die meisten von ihnen sind konfessionslos. Unsere bildungsbürgerlich geprägte Kirche kommt in ihrem Leben nicht vor.

Idee

Mit den *KiezGottesDiensten* wollen wir ein niederschwelliges Angebot machen, bei dem Kirche in ihren wichtigsten Vollzügen erlebbar wird. Sie finden im Bürgerhaus des Stadtteils statt und folgen einer elementaren Liturgie, die ohne Vorbildung zu verstehen ist. Die

Verkündigung besteht aus drei Teilen: (1) einem Anspiel, (2) einer Predigt, die nicht länger als zehn Minuten dauern soll, und (3) einer Zeit, in der die Besucherinnen und Besucher eigene Gedanken formulieren können.

Auch das Fürbittengebet ist auf Beteiligung angelegt: Wer mag, kann ein Teelicht auf dem Altar entzünden und sein Anliegen formulieren. Diese Partizipationsangebote sollen klarmachen, dass niemand um seine eigene Meinung gebracht werden soll. Gleichzeitig soll erlebbar werden, dass zum Leib Christi alle etwas beitragen können.

Vor und nach dem Gottesdienst gibt es die Möglichkeit, bei einer Tasse Tee miteinander ins Gespräch zu kommen.

Getragen werden die Gottesdienste von einem Team mit Ehrenamtlichen aus dem Stadtteil. Der Schwerpunkt der Vorbereitungstreffen liegt in der Diskussion des Predigttextes und der Entwicklung des Anspiels.

Eingeladen wird durch 500 bis 1 000 kleine Handzettel, die wir vor jedem Gottesdienst in Briefkästen verteilen.

Benötigte Ressourcen

- ein neutraler Raum
- ein paar Gegenstände, die ihn zum Gottesdienstraum machen: Kreuz, Kerzen, Bibel, Altardecke usw.
- Liedzettel oder Liederhefte
- Tee und Kekse
- ein Vorbereitungsteam mit Menschen aus der Zielgruppe

Empfehlungen

(1) *Zielgruppe klar kommunizieren.* Es besteht die Gefahr, dass ein neues Gottesdienstprojekt von Menschen aus der Mitte der Gemeinde für sich in Anspruch genommen wird, die sich moderne Gottesdienste wünschen. Dann ist es für die eigentliche Zielgruppe schwer, hier noch Heimat zu finden und die Atmosphäre zu prägen. Wir haben deshalb zu Beginn deutlich kommuniziert, dass es nicht um einen Zweitgottesdienst für die Kerngemeinde

geht. Nachdem der *KiezGottesDienst* sein Profil gefunden hat, laden wir nun von Zeit zu Zeit auch in der Gemeinde dazu ein.

(2) *Ehrenamtliche gut begleiten.* Viele sozial benachteiligte Menschen erleben nur selten Erfolge und Bestätigung. Wenn sie sich nun in einem solchen Projekt engagieren, können Rückschläge leicht den Mut nehmen, wenn z.B. wenig Besucher kommen oder ein Gottesdienst nicht gelingt. Hier muss ausdauernd und mit Fingerspitzengefühl kommuniziert werden. Im Team muss wertschätzende, offene Kritik eingeübt werden – auch am Teamleiter!

(3) *Die Situation vor Ort ansprechen.* Die Themen, die im Stadtteil diskutiert werden, müssen vorkommen: die Trinker vor der Kaufhalle, das Asylbewerberheim, das in den Stadtteil verlegt wird. Bei manchen Themen muss man gegen die herrschende Meinung ansprechen – dann aber eine offene Diskussion ermöglichen!

(4) Einfach und kurz halten. Alternative Gottesdienste, die eine perfekte Inszenierung bieten, verführen zum Konsumieren. Unsere Gottesdienste sind bewusst „handgestrickt". Das senkt die Hemmschwelle, sich zu Wort zu melden und sich mit einzubringen.

Matthias Stempfle

Diakon für das Projekt „Kirche im Kiez" der Evangelischen Stern-Kirchengemeinde und des Evangelischen Kirchenkreises Potsdam

5. Unterwegs

35. Fußballcamp *Oese kickt!*

Ausgangssituation

Ein erster Impuls, über ein Fußballcamp nachzudenken, war unter anderem die rückläufige Zahl von Jungen auf unseren drei Kinderfreizeiten im Sommer. Als Konsequenz daraus haben wir unsere Ziele in einem längeren Prozess überprüft, bei dem uns der Jungenpädagoge Josef Riederle begleitete.

Dabei herausgekommen ist ein Standort- und „Brillenwechsel“: Nicht die Jungen müssen sich verändern, sondern zuallererst ihr Umfeld. Mitarbeitende in der evangelischen Jugend, Hauptamtliche, Lehrer und allen voran die Eltern müssen diesen Wechsel vollziehen. Riederle wirbt dafür, sich den unterschiedlichen Lebenssituationen

der Jungen neu und individuell zu stellen, ihr Potenzial zu erkennen und Methoden zu finden, die der Ausschöpfung dieses Potenzials dienen. Wenn Jungen in Formate gezwungen werden, die sie nicht ausfüllen können und wollen, werden sie es ihrem Umfeld weiterhin schwer machen (müssen) und vielleicht noch lauter, gewalttätiger und auffälliger werden.

Neben dem Standortwechsel ist der „Brillenwechsel“ nötig. Riederle bietet dafür vier Botschaften im Umgang mit Jungen an: 1. Ich sehe dich! 2. Du gehörst dazu! 3. Du bist okay.! 4. Ich bleibe!

Idee

Den entscheidenden Impuls zur Entwicklung eines Fußballcamps gab uns Ralf Ehlers, der Leiter der Fußballschule Millerntor. Er hatte diese Form von Freizeitarbeit durch Wynton Rufer, den ehemaligen Spieler von Werder Bremen, kennengelernt. Überzeugt von Rufers Grundidee haben wir die Ziele, die er sich für seine Fußballschule in Neuseeland (www.wynrs.com) gesetzt hat, übernommen:

1. Fundierte Wertevermittlung auf Grundlage der Bibel.
2. Professionelles Fußballtraining mit A-lizenzierten Trainern.

Im Vordergrund des Fußballtrainings steht der Spaß am Fußballspiel und nicht der Leistungsgedanke. In dieser Reihenfolge und Gewichtung finden sich die Ziele im Tagesablauf des Fußballcamps wieder:

8.15 Uhr: Andacht in der Kirche
8.45 Uhr: Frühstück, anschließend Pause
10.15 Uhr: „Anstoß“: Erschließung und Erarbeitung lebensnaher, persönlicher Themen auf Grundlage biblischer Geschichten
12.30 Uhr: Mittagessen
14.00 Uhr: Trainingsbeginn
18.00 Uhr: Abendessen
ab 20.00 Uhr: Abendprogramm

In der Woche gibt es einen trainingsfreien Nachmittag. Diese Zeit ist meistens gefüllt mit einem gemeinsamen Besuch des Schwimmbades bzw. mit einer Wasserolympiade. Am letzten Nachmittag der Freizeit gibt es eine Mini-WM.

Die Kinder werden in den Bereichen Spiel mit dem Ball, Technik und Taktik geschult. Dazu gehört unter anderem das Einüben unterschiedlicher Spielformen. Die konditionelle und physische Weiterentwicklung der Teilnehmenden wird dabei gefördert. Ein weiterer Schwerpunkt liegt im Übersetzen der Impulse, die die Kinder aus den biblischen Einheiten vom Vormittag mitbringen. Auf diese Impulse werden die Teilnehmenden entsprechend hingewiesen. Damit dies gelingen kann, ist immer ein Trainer bei den biblischen Einheiten und Kleingruppenphasen dabei.

Erfahrungen

Bei der Erarbeitung des Konzepts für ein Fußballcamp dieser Art ist es wichtig, das Alleinstellungsmerkmal des Angebots herauszufinden und hervorzuheben, so z.B. das Zusammenspiel von sportlicher und religionspädagogischer Arbeit und die Zusammenarbeit mit professionellen Trainern.

Von den 100 Teilnehmerplätzen für das Fußballcamp sind im Durchschnitt 90 Prozent von Jungen besetzt. Neben einem weiteren jungenorientierten Angebot, einem Jungencamp an Pfingsten, haben wir das Ziel erreicht, ein gutes, auf die Bedürfnisse von Jungen zugeschnittenes Angebot zu schaffen. Weiter ist es gelungen, Jungen aus ganz unterschiedlichen sozialen Schichten anzusprechen und sie – über den Fußball – für den Glauben zu begeistern. Sehr wertvoll sind für uns die guten Kontakte zu den Sportvereinen und Schulen, die durch das Fußballcamp erwachsen sind. Das Einbeziehen ihrer Strukturen, Fachkompetenz und der Trainer (Sportlehrer) haben uns viele Sympathien zugetragen und Türen geöffnet.

Aus der Fußballcamp-Arbeit ist 2010 eine Fußballjungschar innerhalb der Struktur des TSV Basdahl/Volkmarst entstanden. Sie entspricht der G-Jugend (für 4- bis 6-Jährige). Im Durchschnitt nehmen 16 Kinder wöchentlich an dem Angebot teil.

Ebenso ist aus dieser Arbeit ein weiteres Freizeitangebot für 13- bis 16-Jährige entstanden: eine fünftägige Fußballfreizeit mit englischen Partnern (*Teviot Rangers J.F.C.*) in London. Aufbau und Ziele sind dem Fußballcamp entnommen (www.fuba-fub.de).

Neben dem Training und Freundschaftsspielen war für die Teilnehmenden ein Sprachkurs Pflicht. Zudem fand das Training oder auch die Stadionführung beim FC Chelsea in englischer Sprache statt.

Benötigte Ressourcen

Für das Fußballcamp (mit 100 Teilnehmenden) wird ein Team von mindestens 16 Mitarbeitenden benötigt. Dazu kommen zwei A-lizenzierte Trainer pro Nachmittag. Außerdem müssen zwei Sportplätze und eine große Wiese zur Verfügung stehen sowie Unterbringungsmöglichkeiten (und Räumlichkeiten für die inhaltliche Arbeit) für Teilnehmende, Mitarbeitende und Trainer.

Empfehlungen

Die Freizeit- und Begegnungsstätte Oese veranstaltet in Kooperation mit der Fußballschule Millerntor und der Fußballabteilung des TSV Basdahl/Volkmarst Fußballcamps. Zudem bietet sie Kirchengemeinden oder Jugendverbänden ihr Know-how und die Struktur vor Ort an, um ein eigenes Fußballcamp in Oese (oder auch auswärts) auszurichten.

Michael Freitag-Parey

Diakon in der Freizeit- und Begegnungsstätte Oese

36. Null-Euro-Tour: Kostenlose Freizeit – unbezahlbare Erfahrung

Ausgangssituation

„Ich war früher nie auf einer Freizeit", erzählte mir ein Mitarbeiter. „Wir waren nie so arm, dass das Jugendamt gezahlt hätte, aber auch nicht so reich, dass wir uns eine Freizeit hätten leisten können. Und es wäre meinen Eltern unangenehm gewesen, einen kostenlosen Freizeitplatz anzunehmen." Damit war er kein Einzelfall.

Idee

So konzipierten mein Mann und ich eine Freizeit, die für Teilnehmende nichts kostet.

Wir wollten nicht pilgern und nicht betteln, sondern Ressourcen nutzen und auf Gottes Hilfe vertrauen. An Lebensmitteln mangelt es in Deutschland nicht und unsere Kirche besitzt ein flächendeckendes Netzwerk an Gebäuden, die meist über Nacht leer stehen.

So planten wir eine Trekkingtour, bei der wir jeweils nur eine Nacht in einer Gemeinde bleiben würden. Ein landschaftlich reizvolles und gut geeignetes Gebiet ließ sich schnell finden. (Es lohnt sich, vorher Wetterdiagramme anzuschauen!) So entschieden wir uns für die „Toskana Deutschlands" – die Pfalz.

Auf einer Landkarte markierten wir alle Orte, die eine gute Zuganbindung hatten, als mögliche Start- und Endpunkte und alle öffentlichen Freibäder, da viele Kirchengemeinden nicht über Duschen verfügen. Wir planten zwei Freibadbesuche pro Woche ein. Die Einstiegsetappe hielten wir mit 10 Kilometern gezielt kurz. Jede weitere Etappe planten wir mit 15 bis 25 Kilometer je nach Gelände. So ließen sich mögliche Startpunkte enger eingrenzen. In den jeweiligen Orten kontaktierten wir Kirchengemeinden und CVJMs und baten um eine Übernachtungsmöglichkeit (nicht um Essen). Nach einer Zusage wählten wir nächste Orte aus, bis wir eine Route hatten, die mit einer guten Zuganbindung endete.

Da die Freizeit kein Geld kosten durfte, mussten die Fahrtkosten sich mit den Zuschüssen für Freizeiten decken – in unserem Fall 2,50

Euro pro Tag und Teilnehmende(n), abzüglich etwas Geld für Verbandszeug und Freibäder. Mit dem „Schönes-Wochenende-Ticket“ – 5 Personen fahren für 39 Euro mit Regionalbahnen – war dies möglich.

So starteten wir im Sommer 2006 mit fünfzehn Jugendlichen und vier Mitarbeitenden auf eine abenteuerliche Tour, ausgerüstet mit extrem wenig Gepäck, mit Wasserflaschen und ein paar Fischkonserven und Nudeln, die die Wuppertaler Tafel für uns übrig hatte.

Erfahrungen

Unser Konzept ging auf, es war eine unbezahlbare Erfahrung.

Die anfängliche Einstellung, dass Dosenfisch widerlich sei, änderte sich nach der ersten richtigen Wanderung. Und bereits einen Tag später wurde die letzte Fischdose als wahre Delikatesse gehandelt. „Und was essen wir nun?“

Für das Essen zu beten, ernsthafte Dankgebete, Bibelarbeiten zum Thema „Gottvertrauen“, ohne dabei das Leid und die Realität dieser Welt zu ignorieren und die Erfahrung zu machen, dass Gott uns in jeder Beziehung versorgt hat, waren sehr beeindruckend.

So erzählten die Teilnehmenden nach unserer Rückkehr im Jugendgottesdienst voller Begeisterung, dass Luxus und Glück nicht im Verhältnis zueinanderstehen müssten und dass Gott, den sie vorher zum größten Teil noch nicht kannten, sich um sie gekümmert habe: „An einem Tag hatten wir nichts zum Frühstück und Katrin kaufte für 20 Euro ein. Als wir nach dem Essen aufbrechen wollten, sprach uns eine Putzfrau an, die von dem Einkauf nichts wusste. Sie gab uns einen 20-Euro-Schein. Gott hat uns genau die 20 Euro zurückgeschenkt.“

An einem anderen Tag fiel uns auf, dass wir längere Zeit kein Obst oder Gemüse gegessen hatten. Auf der folgenden Wanderetappe standen zig wilde Obstbäume am Wegrand.

An wieder einem anderen Abend saßen wir zusammen und holten unsere Vorräte heraus: nur eine Packung Nudeln, die uns nicht weiterhelfen würde, da unsere nächste Unterkunft eine Scheune

ohne Herd war. Während wir uns fragend ansahen, hielt ein Auto, in dem ein Bäcker saß, der von unserer Freizeit gehört hatte. „Könnt ihr Altbackenes gebrauchen? Ich hätte es sonst weggetan." So stellte er uns einen Karton mit mehreren Broten und Teilchen hin. Bis zum Ende der Freizeit waren wir mit Brot versorgt.

An einem sehr heißen Tag und einer Wegetappe mit wenig Schatten brach eine Teilnehmerin zusammen. Wir legten eine längere Pause ein. Alle stöhnten, weil es so heiß war. Wir überlegten, die Tour abzubrechen. Da zog ein Gewitter auf. Alle dankten Gott und es ging weiter (es war der einzige Regen auf unserer Tour).

Dass Gott sich um uns kümmert, stand nach diesen Erlebnissen für die Teilnehmenden fest.

Benötigte Ressourcen

Geeignete Mitarbeitende, gegebenenfalls geliehene Rucksäcke, ausreichend Vorbereitungszeit, Verbandszeug, Blasenpflaster, gute Landkarten, Abenteuerlust und Gottvertrauen.

Empfehlungen

Wer eine Null-Euro-Tour machen will, sollte eine Kaution von z.B. 50 Euro nehmen, um verbindliche Anmeldungen zu erhalten. Das Geld erhalten die Jugendlichen nur nach Teilnahme an der Tour zurück. Lebensmittel, Geld und Handys müssen zu Hause bleiben. Es empfiehlt sich aufgrund der Anstrengung, Jugendliche erst ab 15 Jahren mitzunehmen und die Gruppe nicht zu groß werden zu lassen, um Kirchengemeinden nicht abzuschrecken.

Sinnvoll ist ein verpflichtendes Vortreffen, bei dem Schuhe und Rucksäcke mitgebracht werden sollen. So kann man Ungeeignetes ersetzen (z.B. durch geliehene Rucksäcke aus der Gemeinde oder dem Freundeskreis). Wir empfehlen, an einem gepackten Rucksack den Jugendlichen zu zeigen, wie wenig Sachen sie mitnehmen sollen und wie schwer so ein Rucksack ist.

Am Anreisetag ist es sinnvoll, sich drei Stunden vor Abfahrt mit allen zu treffen, um überflüssiges Gepäck auszusortieren, die Rucksäcke ordentlich neu zu packen und Gemeinschaftsmaterialien aufzuteilen.

Letzter Tipp: Gute Blasenpflaster sind nicht gut genug, es sollten die besten sein, und ab dem vierten Tag lieben Jugendliche auch fetten Speck und rohe Zwiebeln.

Katrin Lindner
Jugendreferentin im Weigle-Haus, Essen

37. „Wir sind dann mal weg …" – *Unter Brücken*, die basisdemokratische Outdoorfreizeit

Bei typischen christlichen Freizeitangeboten steht üblicherweise vorher fest, wohin die Reise gehen soll. Ganz gleich, ob man ans Mittelmeer fährt, in den hohen Norden oder in eine schöne Urlaubsgegend Deutschlands: Schon bei den Ausschreibungen in den Freizeitkatalogen und -prospekten weiß man im Vorfeld, wohin man sich gemeinsam auf den Weg macht.

Idee

Bei „Unter Brücken" weiß man vorher nicht, wohin der Weg führen wird. Über das Ziel der Reise unterhält man sich erst, nachdem sich die Gruppe im Hinterhof der Geschäftsstelle des CVJM Bayern in Nürnberg zum ersten Mal getroffen hat. Gemeinsam wird überlegt und am Ende demokratisch abgestimmt, wohin die Reise geht.

Selbst das Verkehrsmittel, vielmehr die Art der Fortbewegung, steht noch nicht fest. Jede(r) Teilnehmende bekommt ein bestimmtes Budget für die Reise. Eines für die Fortbewegung, eines für die Verpflegung und dann noch eines für „Luxus und Vergnügen".

Dementsprechend sieht auch die Ausrüstung der Reisenden aus; sie gleicht mehr einer Trekkinggruppe in Lappland als einer christlichen Freizeit, die sich hauptsächlich im dicht besiedelten Deutschland aufhält: Wanderschuhe, Wanderrucksack, Ponchos und alles andere, das den Teilnehmenden ermöglicht, quer durch Deutschland zu tingeln und dort zu übernachten, wo es gerade geht. Egal wo man ist, überall ist es richtig.

Erfahrungen

Hat die Gruppe einen Zielort erreicht, wird erneut demokratisch entschieden, wie lange man bleibt und wohin die Reise anschließend gehen soll. Das dient dem Erlernen sozialer Kompetenzen und demokratischer Entscheidungsprozesse. Wer sich nicht äußert, wird nicht gehört. Was keine Mehrheit findet, wird nicht getan. Die besseren Argumente zählen …

Die Lebensmittel tragen die Teilnehmenden bei sich. Der gesamte Proviant wurde im Vorwege genau geplant, ausgerechnet und auf die Rucksäcke verteilt. Was mitgenommen werden darf, wird vorher genau festgelegt. Mit wenig Gepäck und genau limitiertem Budget geht die Reise los. So lernt man, sich die Mittel einzuteilen und sparsam damit umzugehen.

Gekocht wird in speziell eingeteilten Kochgruppen („Kleinfamilien"), in denen man sich zusammenfinden und austauschen muss, damit dann auch wirklich am Ende eine halbwegs verdauliche Mahlzeit auf den Tisch kommt. Hier finden Gespräche und Seelsorge statt. Dies ermöglicht auch ein hoher Mitarbeiterschlüssel, wobei die Mitarbeitenden im Wesentlichen Seelsorger sind und ansonsten nicht wie sonst bei Freizeiten die Animateure. Sie sind Teil der Demokratie und ebenfalls Gäste. Diese besondere Konzeption ermöglicht tiefe Gespräche über das Leben und den Glauben.

Findet man einen Badesee, wird gebadet. Duschen? Nur dort, wo möglich. Das kann auch heißen, dass man tagelang kein fließendes Wasser zur Verfügung hat und sich anderweitig behelfen muss. Oder man hält eben aus, was ein Körper so an Schmutz und Gerüchen produzieren kann.

Übernachtung? Entweder im Millionen-Sterne-Hotel, nur mit dem Himmel als Dach, oder unter einer der vielen Brücken Deutschlands, neue Bekanntschaften inklusive. Es kam nämlich schon vor, dass andere Hotelgäste – Obdachlose – von ihrem Schicksal erzählten. An anderer Stelle wurden die Gruppen auch von Bauern eingeladen, in ihren Scheunen zu übernachten, wurden verpflegt und lernten auf diese Weise eine ganze Familie kennen und schätzen.

Einmal kam es auch dazu, dass die Gruppe während einer ganzen Nacht unter Polizeischutz stand. Die Beamten vermuteten zuerst, dass es sich bei den jungen Leuten, die sich da im Stadtpark breitmachten, um potenzielle Randalierer handelte. Als sie herausfanden, dass es Teilnehmende einer christlichen Freizeit sind, beschlossen sie kurzerhand, während der Nacht immer wieder einmal vorbeizusehen, ob denn auch alles in Ordnung ist, und ein beschützendes Auge auf sie zu werfen.

Benötigte Ressourcen und Empfehlungen

Die Freizeit erfreut sich seit Jahren steigender Beliebtheit. Dabei ist es natürlich nicht möglich, die Gruppenstärke beliebig zu erhöhen. Bei mehr als 24 Personen wird es schwierig, den Überblick zu behalten. Deswegen gibt es in diesem Jahr zwei Gruppen, die sich nacheinander auf den Weg machen.

Eine der Sachen, die vorbereitet werden, sind natürlich die Bibelarbeiten und geistlichen Impulse. Die Kleingruppen, in denen sich über das Gehörte ausgetauscht wird, sind die Kochgruppen, die „Familien" (immer zwei Teilnehmende und ein Mitarbeiter). Durch die „Liste der Möglichkeiten" werden von den Teilnehmenden auch die Bibelarbeiten abgerufen und sind – weil sonst kein Programm im Raum steht – etwas sehr Wertvolles am Tag. Sie finden viel mehr Gehör als sonst, weil sie nicht einer von zehn Programmpunkten pro Tag sind und die Teilnehmenden in ihren „Familien" intensiv und lange weiterreden.

So lernen die Teilnehmenden, Gott im Alltag zu suchen und zu erleben oder mit anderen zu diskutieren. Sie üben den Umgang mit der Natur, der Demokratie und dem Geld ein. Konflikte können nicht dauerhaft unter den Tisch gekehrt werden, wenn man so eng miteinander lebt und Abenteuer er-lebt. Sie müssen gelöst und miteinander geklärt werden.

Es ist die Freizeit mit Abenteuer-Garantie für den kleinen Geldbeutel und mit tiefen geistlichen Erlebnissen in den „Powerstepps" (Verkündigungseinheiten).

Martin Schmid

CVJM-Landessekretär im CVJM Bayern

38. „Ich bin dann mal weg" – sich fremd gehen

Ausgangssituation

„Mit den Füßen beten" – so nennen viele ihr neues Unterwegssein. Ausgeschilderte und beschriebene Pilger- und Besinnungswege laden zu Wegerfahrungen ein. „Sich fremd gehen", so titelt Detlef Lienau

und beschreibt die verwandelnde Chance des Pilgerns. Menschen sind mit Gott unterwegs, finden sich (wieder) und begegnen Gott. Erstaunliches geschieht.

Der Pilgerboom scheint ungebrochen. Marktführer ist hier sicherlich der Jakobsweg. In Deutschland sind viele kleine Initiativen und Wege auffindbar: Via Regia, Elisabethpfad, Schola Dei in Ostfriesland und der Pilgerweg Loccum-Volkenroda in Niedersachsen und

Thüringen. Letzterer ist vor sechs Jahren eröffnet worden und erfreut sich wachsender Beliebtheit.

Idee

Die Evangelisch-lutherische Landeskirche Hannovers nimmt das Interesse und die Nachfrage des Pilgerns auf und installiert den Pilgerweg Loccum-Volkenroda, auf dem man in vielerlei Hinsicht etwas lernen kann. Der Weg verbindet zwei Zisterzienserklöster und verfügt über 300 Kilometer Hauptweg und 300 Kilometer Nebenwege.

Erfahrungen

Pilgernde und gastgebende Gemeinden erfahren geistliche Impulse, erleben Begegnungen und Gottesnähe. Menschen aus der Nähe sowie Einzelne und Gruppen aus ganz Deutschland nutzen den Weg. Jugendgruppen und Erwachsene sind in kleinen Gruppen unterwegs. Pilgern ist zu einer ernsthaften Alternative zu Reiseveranstaltungen geworden. Die Bibelarbeit im Gruppenraum wird zur bewegten Geschichte unterwegs. Weggeschichten der Bibel wie das wandernde Gottesvolk, die Wüste, Emmaus und die Missionsreisen des Paulus erfahren eine Dynamik und intensive Einbeziehung ins eigene Leben – Transfer, der nicht künstlich herbeigeführt werden muss.

Benötigte Ressourcen

Auch wenn jeder Weg als Pilgerweg begangen werden kann, so ist ein beschriebener und ausgeschilderter Weg besonders hilfreich. Gastgebende Gemeinden am Weg sind auf Pilger eingestellt und bieten gastfreundliche, verlässliche Angebote wie eine offene Kirche, Andachten, Kirchenführungen, Seelsorge, eine Unterkunft, eine Toilette oder auch ein Getränk. Für den Pilgerweg Loccum-Volkenroda ist der Service im Pilgerwegnavigator auffindbar und planbar. Das erleichtert planenden Jugend- und Erwachsenengruppen die Vorbereitung deutlich. Manche nutzen ausgebildete ehrenamtliche Pilgerbegleiterinnen und Pilgerbegleiter.

Beim Pilgern sind zwei Herausforderungen besonders zu nennen: die Erwartungen der Pilgernden und die Beantwortung der Gastgebenden in den Gemeinden am Weg. Die gastfreundlichen, verlässlichen Angebote – Teil des Wegmanagements – helfen zum Gelingen (www.loccum-volkenroda.de). So können viele Ehrenamtliche – häufig Menschen, die eine geringe Nähe zu einer Gemeinde haben – eine neue Tätigkeit finden. Durch die Teilhabe am Projekt, durch Gastgeberschaft am Weg und durch Begegnungen mit Pilgern erleben sie Gemeinschaft mit Christen vielfacher Art. Hier greift die alte Erkenntnis, dass Gäste, die beherbergt werden, Neues mitbringen und Begegnungen verändern.

Empfehlungen

Pilgern ist nicht der neue Heilsweg, jedoch ein herausforderndes Angebot in der Vielfalt missionarischen Handelns. Ob allein oder in der Gruppe machen Menschen geistliche Erfahrungen, sind unterwegs im Glauben, klären Lebensfragen, erleben Wesentliches für ihr Leben. Pilgern bildet die Christusnachfolge elementar ab und eröffnet Räume der Lebensgestaltung. Manche Erfahrung endet und beginnt mit dem Petruswort: „Herr, wohin sollen wir gehen? Du hast Worte des Lebens“ (Johannes 6,68; LUT).

Nutzen Sie gern das umfangreiche Informationsmaterial (Wanderführer, Pilgerbuch, geistliche Begleiter usw.) und die vorhandenen Angebote. Viele Menschen gehen als Wanderer los und kommen als Pilger an. Diese Aussage berührt die Erfahrungsdimension der christlichen Existenz und des jeweiligen eigenen christlichen Glaubens.

Klaus Stemmann
Diakon und leitender Referent der Missionarischen Dienste der Evangelisch-lutherischen Landeskirche Hannovers

39. *Pimp my Quali* – Hauptschulabschluss vorbereiten

Ausgangssituation

Die Fächer Mathe, Deutsch und Englisch sind für viele Schüler die Knackpunkte beim Hauptschulabschluss.

Idee

Während der Freizeit des CVJM-Landesverbandes Bayern *Pimp my Quali* trainieren wir deshalb in guter Gemeinschaft unter Hauptschülern und externen Hauptschulabschluss-Anwärtern gezielt diese drei

Bereiche. Natürlich ersetzt diese Freizeit das eigene Lernen nicht und wir machen sie auch nicht nur der Hauptschule wegen. Aber sie ist eine tolle Chance, die CVJM-Arbeit gerade auch unter Hauptschülern (be-) greifbar zu machen. Denn Gemeinde bedeutet: Jesus für alle! Gerade auch für Hauptschüler, die sonst wenig in der CVJM-Arbeit vorkommen.

Erfahrungen

Die Tage sind neben dem Unterricht auch gefüllt mit Gedanken zu Gott und der Welt, einem pädagogischen Freizeitprogramm zum Thema „Lernen lernen“ und weiteren Highlights wie z.B. dem Besuch eines Stuntmans.

In nur sechs Tagen erleben die Teilnehmenden kompakten Unterricht in ihren persönlichen Lernfeldern. Die Bedingungen sind gut, denn alle haben ein Ziel und sind überwiegend freiwillig auf der Freizeit. Der Unterricht wird von Lehramtsstudenten und Hauptschullehrern fachspezifisch gegeben und findet ausschließlich in Kleingruppen statt. Er ist häufig verbunden mit erlebnispädagogischen Elementen und konkret angewandten Praxisaufgaben. Die Teilnehmenden rechnen beispielsweise aus, wie viel Wasser im Pool der CVJM-Burg Wernfels ist und wie lange man trinken muss, bis man ihn (bei 3,2 Liter täglich) leer getrunken hat.

Viele kleine, aber sehr sinnvolle Details machen diese Freizeit zu einem besonderen Erlebnis. Wenn der Englischunterricht im Weinkeller der Burg Wernfels zu Ende ist, wird eben diese Fremdsprache beim Mittagessen noch nahrhafter. Fränkisch und Bayerisch ist dann nämlich verboten; beim Lunch spricht man hier Englisch.

Lernen ergibt Sinn, wenn man nachfragen lernt und sich traut. Lernen baut auf, wenn Lernen gelernt wird. Lernen hat ein Ziel, wenn es mit dem Alltag und dem eigenen Leben zu tun hat.

Deshalb verbringen wir auch viel Zeit damit, gemeinsam über die Ziele im Leben nachzudenken. Dies tun wir beim Bewerbungs- und Laufbahntraining unter professioneller Anleitung und in täglichen „Powerstepps“ – Gottes Wort Schritt für Schritt. Diese Bibelarbeiten finden auf überschaubaren Wanderungen statt und vermitteln durch gezielte, aber auch provokative Verkündigung das tolle Angebot Jesu, mit ihm das Leben zu planen, zu leben und in Ewigkeit Leben zu haben. Nach dem Impuls wird gewandert und dann wieder Station gemacht, um in Kleingruppen zu reden und noch tiefer im eigenen Leben zu landen. Jesus begegnet Menschen und begleitet sie auch durch ihr Leben – länger, als Zeugnisse halten!

Benötigte Ressourcen und Empfehlungen

Die Gruppenstärke beträgt üblicherweise um die 38 Teilnehmende. Die Nachfrage wächst stetig. Das große Problem ist, gute Lehrer zu finden, die bereit sind, in ihren Ferien wieder Schüler zu unterrichten und sie auf den Abschluss vorzubereiten – im Prinzip also genau das zu tun, was sie sonst auch machen. Es genügt nicht, nur Lehramtsstudenten dabei zu haben, die noch nicht so sehr in der Praxis angekommen sind. Sie sind natürlich sehr wertvoll, aber es müssen auch erfahrene Lehrerinnen und Lehrer dabei sein, die noch genauer wissen, worauf es ankommt.

Hören, Wandern, Glauben und Lernen. Eine Kombination mit Zukunft und ein ureigen ganzheitlicher CVJM. Der eine Jesus für alle – auf vielfältige Weise! Das ist das Besondere der missionarischen CVJM-Arbeit!

Martin Schmid

CVJM-Landessekretär im CVJM Bayern

6. Anregend

40. Aktion Strohhalm – „Ruf an, bevor du untergehst!"

Ruf an, bevor du untergehst

Ausgangssituation

Es war der 30. Januar, ein kalter, sonniger Wintertag. Viele Menschen waren in der Natur unterwegs, um diesen schönen Tag zu genießen. Ein Tag wie im Bilderbuch – bis zu dem Augenblick, als eine schreckliche Nachricht diese Idylle jäh unterbrach.

Einige Schüler der Gesamtschule wollten diesen schulfreien Tag nutzen, um auf dem Basketballplatz der Schule ein wenig am Korb zu üben und ein Spiel zu machen. Als sie am Platz eintrafen, machten sie einen grausigen Fund: Am Basketballkorb hatte sich einer ihrer Mitschüler aus den oberen Klassen erhängt. Sie fanden ihn leblos vor, holten sofort Hilfe und mussten miterleben, wie jegliche Reanimationsversuche erfolglos blieben.

In den folgenden Tagen konnten meine Frau und ich vermehrt Gespräche auf der Straße verfolgen, die sich mit der immerwährenden

Frage befassten, wie so etwas passieren konnte. Gut, er hatte eine Mahnung in einem Hauptfach bekommen, aber er war doch erst 16 Jahre alt, hatte alles noch vor sich und dann das.

Uns beide beschäftigte dieser Vorfall sehr. Anscheinend hatte dieser Junge niemanden an seiner Seite, mit dem er hatte reden können. Keiner war da, dem er seine Sorgen und Nöte mitteilen konnte. So hatte er in seinem Alleinsein seinem jungen Leben ein Ende gesetzt.

Ich erinnere mich noch sehr gut daran, dass meine Frau an einem der folgenden Abende während eines Gesprächs zu mir sagte: „Du musst etwas tun, damit an deiner Schule nicht auch etwas Ähnliches geschieht!“

Ich gebe zu, ich war ziemlich ratlos. Die Schule, an der ich als Religionslehrer und Jugendreferent tätig bin, hatte zu dieser Zeit annähernd 1 000 Schülerinnen und Schüler. Wie sollte ich da in dieser Richtung etwas Sinnvolles bewirken?

Idee

Wir überlegten hin und her und schließlich hatten wir die Idee, ein Nottelefon für Schülerinnen und Schüler einzurichten. Sicher hatten wir damit das Rad nicht neu erfunden. Nottelefone gibt es bereits viele in unserem Land. Das Besondere daran sollte aber sein, dass die Jugendlichen am anderen Ende der Leitung nicht eine anonyme Person als Ansprechpartner vorfinden, sondern eine ihnen vertraute. In diesem Zusammenhang konnte ich eine Kollegin an meiner Schule dafür gewinnen, diese Idee weiter auszubauen und als Ansprechpartnerin mit zur Verfügung zu stehen.

Benötigte Ressourcen

So nahm die Aktion ihren Lauf. Bei einem der nächsten Treffen mit Kollegen stellte ich die Idee des Nottelefons vor. Nach intensiven Gesprächen und Überlegungen beschlossen wir, dieses Angebot an insgesamt sieben Schulen unseres Dekanats einzurichten. In allen Schulen wurden Informationsblätter in den Klassenräumen, Geschäftszimmern und weiteren markanten Stellen angebracht. Außerdem erhalten alle Schülerinnen und Schüler zu Beginn des 5. Schuljahres ein Kärtchen in Scheckkartenformat mit dem Emblem der Aktion und den jeweiligen Telefonnummern.

Erfahrungen

Mittlerweile hat sich dieses Angebot so etabliert, dass nicht nur Jugendliche per Handy und Telefon Ansprechpartner suchen, sondern vermehrt auch Eltern mit familiären Problemen um Rat und Hilfe bitten. Natürlich ist es uns nicht möglich, alle Anfragen persönlich zu klären. Es wäre auch vermessen, alles selbst zu können. Wir haben aber die Möglichkeit, im seelsorgerlichen Gespräch zu bleiben oder die Hilfesuchenden an kompetente Stellen zu verweisen und, wenn möglich, weiter zu begleiten.

Wir sind erschüttert und gleichzeitig erfreut über die Anzahl der Kontaktaufnahmen, zeigen sie doch, dass wir mit unserer Aktion auf dem richtigen Weg sind.

Bleibt zu hoffen, dass unsere Aktion weitere Verbreitung findet und wir somit noch vielen Anrufern mit Rat und Tat zur Seite stehen dürfen.

Karlfried Daniel
Religionslehrer und Dekanatsjugendreferent in Homberg/Ohm

41. Die Streitlotsen – Mitarbeit im Aufbau eines Teams von Konfliktlotsen in einer Ganztags-Hauptschule

David wird von Thomas gehänselt, weil der einen Dialekt spricht. Als Thomas in der Pause beim Fußball ein schönes Tor erzielt, behauptet David, dass der Ball nur an den Pfosten ging. Weitere Vorfälle treiben die beiden schließlich in eine Schlägerei. Als sie vom Lehrer auseinandergezogen werden, ist Thomas das Ganze peinlich. Weil beide um ihre Freundschaft fürchten, gehen sie schließlich zu den Konfliktlotsen. Die beiden älteren Schülerinnen laden sie in der großen Pause in ihr gemütliches Zimmer ein. Nach einigen Minuten haben die Streithähne ein schriftliches Friedensabkommen beschlossen. Die Freundschaft ist gerettet, alle Beteiligten haben eine wichtige Erfahrung gemacht.

Ausgangssituation / Idee

Durch aufmerksames Verfolgen der Entwicklungen in unserem Stadtteil erfuhr ich, dass Konfliktlotsen in unserer Ganztags-Hauptschule ihre Arbeit aufnehmen sollten. Ich bekam Interesse, mich für dieses Projekt zu engagieren. Neben meiner Ausbildung in der Evangelistenschule Johanneum absolvierte ich eine Ausbildung zum Mediator. Seitdem meine Frau und ich vor ca. fünf Jahren unseren gemeinsamen Pastorendienst in einer Mennonitengemeinde antraten, überlegte ich, wie ich meine Kenntnisse im Umgang mit Konfliktsituationen zum Wohl der Gesellschaft und zum Gemeindebau einbringen könnte. Ich wollte meine Gaben einbringen, selbst etwas dazulernen, vielleicht neue Kontakte zu Jugendlichen und zu wichtigen Persönlichkeiten in unserem Stadtteil aufbauen und anderes mehr.

Der zuständige Sozialarbeiter fand meine Anfrage großartig. Nachdem er die Zustimmung des Rektors erhielt, wurde ich Teil des Teams. Zusammen mit zwei weiteren Lehrkräften erstellten wir ein Konzept, das vom Rektor und den Lehrkräften angenommen wurde. In einer Vorlaufphase erstellten wir Plakate, die auf unser Projekt neugierig machten. Wir besuchten die Klassen und erzählten von der Möglichkeit der Teilnahme. Schülerinnen und Schüler bewarben sich anhand eines von uns erstellten Fragebogens. Danach gab es Aufnahmegespräche mit dem Ziel, den Entschluss der Jugendlichen zu prüfen und dann zu festigen.

An einem Elternabend gaben wir Informationen weiter und erbaten die Zustimmung der Eltern. In der Ausbildungsphase arbeiteten wir theoretisch und anhand vieler Rollenspiele zu Konflikten und deren Lösungen. Spiel und Spaß durften bei dem Ganzen natürlich nicht zu kurz kommen. Am Ende gab es eine Prüfung und eine Ehrung durch die Schulleitung.

Dann begann der eigentliche Dienst der Konfliktlotsen, den wir Mitarbeitende durch weitere Treffen für Fortbildung, Reflexion und Optimierungsmaßnahmen aktiv begleiteten. Inzwischen wurde die zweite Generation von Konfliktlotsen ausgebildet.

Benötigte Ressourcen

Damit dieser Dienst gelingen kann, sollte man einige Voraussetzungen mitbringen. Neben Know-how und der Freude am Arbeiten an Konfliktthemen und mit Jugendlichen ohne kirchlichen Hintergrund benötigt diese Arbeit ein flexibles Zeitinvestment und Geduld. Für mich war es nicht leicht, die Schulwelt mit meinem Alltag zusammenzubringen. Wochentage und Uhrzeiten, zu denen die Seminare stattfanden, wechselten, hinzu kamen zwei Wochenenden.

Eine besonders intensive Beziehung konnte ich mit dem Sozialarbeiter aufbauen. Er war meine erste Bezugsperson, mit ihm konnte ich am meisten reflektieren und er war über E-Mail mein ständiger Kontakt mit der Schule und dem Projekt.

Erfahrungen

Wer mit diesen Herausforderungen zurechtkommt, dem kann ich ein Projekt dieser Art sehr empfehlen. Viele meiner Hoffnungen wurden in diesem Dienst erfüllt. Ich konnte lehren und lernen, Kontakte aufbauen und so tiefer in die Gesellschaft in meinem Stadtteil hineinfinden.

Ich empfand die Wochenenden und Ausflüge mit dem Team der Konfliktlotsen und uns Mitarbeitenden als eine Oase für tiefer gehende Gespräche über Glaubens- und Lebensfragen. Die Jugendlichen erzählten mir, dass ich der erste bekennende Christ sei, mit dem sie lachen, arbeiten und den sie intensiv beobachten konnten. Mir hat das Projekt viel Spaß gemacht.

Wilhelm Unger
Pastor der Mennonitengemeinde in Regensburg

42. Der Taufwürfel – eine kleine Laiendogmatik

Ausgangssituation

Wir saßen zusammen, um eine Konfirmandenfreizeit vorzubereiten. Das Thema war „Taufe". Der Klassiker für eine kreative Einheit: die Taufkerze, die man mit Taufdatum und vielen christlichen Symbolen versehen kann. Generationen von Konfirmanden kennen das. Die erste Taufkerze liegt vielleicht noch in der Schublade zu Hause. Es ging also um eine Auffrischung. Auch nicht schlecht.

Idee

„Gibt es eine Alternative? Etwas, was neu ist für unsere Konfis?"

„Was hältst du von Ytong (Gasbeton)? Das kann man leicht bearbeiten."

„Und was machen wir damit?"

„Statt Symbole auf eine Kerze aufzukleben, werden sie in Ytong eingeritzt."

„Wir müssten Würfel mit ca. 20 cm Kantenlänge zurechtsägen."

„Kann man mit Ytong leicht machen."

„Die Symbole müssen so einfach sein, dass sie mit Feile und Schraubenzieher leicht herauszuarbeiten sind."

„O.k. Welche Symbole nehmen wir?"

„Was ist denn für die Taufe wichtig? Woran sollen sich die Konfis erinnern?"

Das Gesprächsergebnis:

Auf die untere Seite, sozusagen als Grundlage, kommt das Auge im Dreieck. Es symbolisiert unseren Glauben an den dreieinigen Gott, der Mittelpunkt unseres Glaubensbekenntnisses ist.

Die obere Seite ist wie eine Taufschale zu gestalten. Sie soll eine

Kuhle bekommen, damit man sie mit Wasser füllen kann. In diese Schale ritzt jeder seine Initialen ein. In Jesaja 43,1 steht die Zusage: „Hab keine Angst, ich habe dich erlöst. Ich habe dich bei deinem Namen gerufen; du gehörst mir." Jeder ist ein einzigartiges Geschöpf Gottes und durch Taufe und Glaube (Markus 16,16) sein Kind. Wasser auf die Initialen zu gießen ist wie ein Symbol des „Ersäufens des alten Adams", wie Luther es ausdrückt.

Auf den vier Seiten befinden sich Kreuz (erinnert an Jesus und unsere Erlösung durch ihn), Herz (soll Glaube und Gebet entsprechen), Fisch (Symbol für die Gemeinde, die Gemeinschaft der Heiligen) und Krone (Zeichen des Sieges, Hinweis auf das Reich Gottes, in dem wir bereits leben).

Erfahrungen

Die Konfis haben ca. zweieinhalb Stunden zur Bearbeitung des Ytong-Blocks benötigt. Die Gestaltung der Initialen entwickelte sich zum kreativen Event. Der Platz hinter dem Haus war weiß wie Schnee. Kleiderwechsel war angesagt.

Auf der nächsten Freizeit ließen wir Collagen zu den Symbolen anfertigen. Eine andere Konfigruppe versuchte, ihre Konfirmationssprüche den Symbolen zuzuordnen.

Ein großer Würfel aus Pappe (zurechtgeschnittener und bemalter Plakatkarton) war das Muster zur Präsentation in einem Konfirmandengottesdienst.

Eine weitere Gruppe produzierte 180 Mini-Würfel (1 cm^3 groß) fürs Portemonnaie und verteilte diese am Ende ihres Gottesdienstes an die Besucher.

Die Symbole sind so einfach, dass sie leicht zu behalten sind. Außerdem tauchen sie immer wieder im Alltag auf. Auf diese Weise sind viele Kirchen „lesbarer" geworden. Es ist spannend, mit dem Taufwürfel in die eigene Kirche zu gehen und die Symbole zu suchen. Zusätzlich findet man viele andere Symbole unseres Glaubens.

Das Herz wird immer wieder mit der Liebe in Verbindung gebracht. Hilfreich ist der Hinweis auf die hellen und dunklen Seiten des Herzens. Liebe ist eben mehr als ein Gefühl.

Inzwischen hat sich der Ytong-Würfel zu einem kleineren Würfel aus Holz (5 bis 6 cm^3) entwickelt. Die Symbole werden mit Brennpeter aufgetragen. Die Mulde ist durch eine Einfräsung für ein Teelicht ersetzt worden. Das erinnert zusätzlich an Johannes 8,12: „Ich bin das Licht der Welt" und an Matthäus 5,14: „Ihr seid das Licht der Welt". Damit ist der Taufwürfel als Kerze für Schreibtisch oder Fenster gut geeignet.

Benötigte Ressourcen

Den Ytong-Würfel kann man überall bearbeiten. Werkzeug und passende Kleidung sind mitzubringen. Baustoffhandlungen verschenken defekte Ytong-Platten.

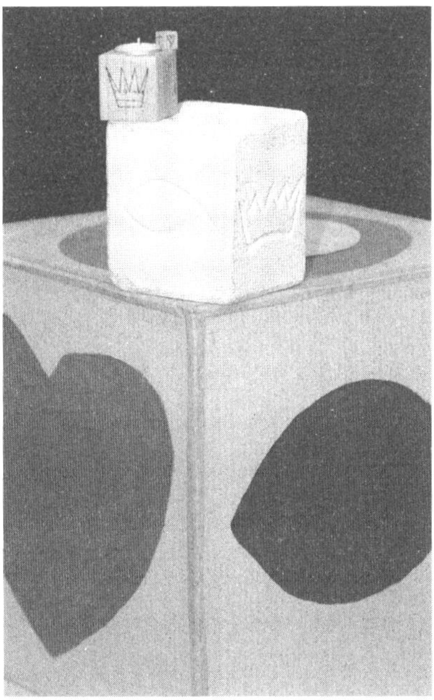

Den Holzwürfel haben wir in der Werkstatt eines Freizeithauses hergestellt. Man benötigt Maschinen zum Bohren und evtl. Schleifen (funktioniert auch mit Schleifpapier) sowie einen Brennpeter.

Die Mini-Würfel können fast nebenbei produziert werden. Statt Mulde wird einfach ein Kreis gezeichnet. Filzstifte sind zum Beschriften ausreichend.

Bernd Mai
Gemeindediakon in der Evangelischen Kirchengemeinde Ahnatal

43. *KonfiCastle* – mehr als ein Erlebnis

Es ist schon erstaunlich, was sich innerhalb eines verlängerten Wochenendes alles verändern kann! Am Freitagabend sitzen viele der Konfirmandinnen und Konfirmanden noch mit verschränkten Armen da, abwartend mit zugeknöpften Jacken, was wohl auf sie zukommen wird. Am Montagmorgen stehen die gleichen Leute auf den Stühlen, singen, klatschen und grölen aus vollem Leib: „One way, Jesus". Später kann man in den Kommentaren im Gästebuch lesen: „Dieses Wochenende gehört mit zu den besten meines Lebens!!!" oder „Ich war auch mit dabei beim KonfiCastle – hat mir voll viel Spaß gemacht und hab mich dazu entschieden, mit Jesus zu leben!"

Die Konfirmationszeit bietet eine einmalige Chance, mit jungen Menschen einen Weg zu gehen und ihnen in diesen eineinhalb Jahren Mut zum Leben, aber vor allem Mut zum Glauben an Jesus Christus zu machen. Dabei ist für viele Gemeinden das *KonfiCastle* ein fester Bestandteil auf diesem Weg geworden. Es findet jeweils vier Tage von Freitag bis Montag statt. Pfarrerinnen und Pfarrer, Mitarbeitende und die Konfirmandinnen und Konfirmanden fahren zusammen zur CVJM-Burg Wernfels, wo 20 Mitarbeitende des CVJM bereits alles hergerichtet haben. Dann kann es losgehen.

KonfiCastle – ein gigantisches Erlebnis und eine gute Mischung aus

- ansprechender, jugendgemäßer Verkündigung.
- einem fetzigen Einstiegsabend, bei dem die Konfirmanden mitten hinein ins „Marioland" genommen werden. Dort erleben sie z.B., wie sich ihre Pfarrerinnen und Pfarrer gleich am ersten Abend auf Bobby-Cars setzen und gegen Mario und Luigi ein Wettrennen bestreiten.
- kreativen, sportlichen und inhaltlichen Workshops.
- einem lustigen Burgspiel unter dem Motto: „Auf den Spuren von Indiana Jones". Die einzelnen Konfirmandengruppen

werden von wilden Laka-Lakas durch die Burg gejagt und müssen spannende Abenteuer bestehen.
- Gemeinschaft in der Gruppe und beim gemeinsamen Singen moderner Lieder mit der Band: 230 Leute singen begeistert und feiern zusammen Jesus.
- einem „Heißen Stuhl", auf dem drei Mitarbeitende ehrlich und unverblümt Antworten auf Fragen der Konfis geben – egal ob es ums erste Mal geht und wann man eigentlich Sex haben darf oder was im Moment das größte Gebetsanliegen ist.
- Freiräumen für die Konfis, um neue Leute kennenzulernen oder einfach gemeinsam abzuhängen.

KonfiCastle – eine tief greifende Zeit

Es ist eine Zeit, um sein Leben und den Glauben noch einmal ganz neu zu sehen, zu hören und zu erspüren. Hierbei ist das ganz persönlich ins Leben der Konfis hineingesprochene Wort Gottes das zentrale Anliegen. In den „PowerHours", im Gottesdienst und bei den Abendgebeten sprechen ehren- und hauptamtlich Mitarbeitende offen und in verständlicher Sprache von der großen Liebe Gottes zu den Menschen und laden ein, diesen Gott kennenzulernen und ihm zu vertrauen.

Die Authentizität der Mitarbeitenden ist die enorme Chance beim *KonfiCastle*. Es ist oftmals sehr beeindruckend, wenn sich junge Mitarbeitende des CVJM vor die 160 Konfirmandinnen und Konfirmanden stellen und in einer ganz einfachen, aber ehrlichen Art erzählen, wie sie Jesus kennengelernt haben oder wie sie im Alltag ihren Glauben leben.

„Man merkt denen an, dass sie das glauben, was sie erzählen!" – diesen Satz hört man oft am Ende des *KonfiCastles*. Ich glaube, neben gutem Programm ist es heute vor allem wichtig, jungen Menschen vorzuleben und zu erzählen, was Glaube ist. Wir wollen ihnen von der Leidenschaft und Liebe Gottes zu uns Menschen erzählen und nicht verschweigen, was es Gott gekostet hat, uns Menschen zu begegnen und mit Schuld und Sünde aufzuräumen.

Die 11-jährige Erfahrung von *KonfiCastle* zeigt: Wenn man un-

gezwungen, aber deutlich zu einem Leben in der Gemeinschaft mit Jesus einlädt, dann geschieht auch Lebensveränderung. Konfirmandinnen und Konfirmanden werden von Jesus berührt und wollen nun auch mit ihm leben und sich verändern lassen. Wir staunen am Sonntagabend nach dem Gottesdienst oft, was sich durch die Verkündigung des Wortes Gottes und eine persönliche Einladung alles bewegt – wie Konfis und Mitarbeitende bewegt und angesprochen werden.

KonfiCastle – ein Baustein innerhalb der Konfirmandenzeit

Facts:
230 Konfirmandinnen und Konfirmanden, Pfarrerinnen und Pfarrer und Mitarbeitende verbringen ein verlängertes Wochenende von Freitag bis Montag zusammen.

Ziel:

Das bisher im Konfi-Unterricht Gehörte und Erlebte vertiefen und konkret zum Glauben und zur Nachfolge einladen.

Programmpunkte:

- ansprechende, jugendgemäße Verkündigung
- lustige Burgspiele und ein fetziger Einstiegsabend
- kreative, sportliche und inhaltliche Workshops
- KonfiCup
- Heißer Stuhl und ein interaktives Theaterstück: „Decision day"
- Chill out – Zeiten mit Waffeln, Sandwiches und Saftbar
- „Start in den Tag" – Bibellesen mit Konfis
- ein Abend mit einem Künstler wie Mr. Joy oder 1,90-Meter-Kleinkunst

Weitere Informationen zu diesem Projekt unter: www.cvjm-bayern.de

Christoph Höcht
CVJM-Landessekretär im CVJM-Bayern

44. Trainee im ländlichen Raum – durch die Vernetzung von kleinen Ortsgemeinden entsteht Jugendarbeit

Unser Traineeprogramm ist eine Jugendleiterausbildung, die im Evangelischen Jugendwerk in Württemberg entwickelt wurde. Dort erwerben Jugendliche über den Zeitraum von ca. zehn Monaten in regelmäßigen Gruppentreffen und Praxiseinsätzen alle notwendigen Qualifikationen, die sie als Jugendleiter brauchen.

Trainee ist ein Angebot der evangelischen Jugendarbeit, das mich begeistert. Es erreicht nicht nur Insider, sondern auch neue Jugendliche, die nichts mit Kirche zu tun haben. Jugendliche sind freiwillig, aber verbindlich dabei, Treffen für Treffen. Man hat ein Jahr lang Zeit, Beziehungen zu bauen, Jugendliche zu prägen und als Teilnehmende oder Mitarbeitende für Gruppen und Projekte zu gewinnen. Trainee kann gerade in Orten, in denen es schon lange kaum noch eine Jugendarbeit gibt, wieder neues Leben schaffen.

Ausgangssituation

Der Jugendausschuss der kleinen Gemeinde Besenfeld ist ratlos. Außer einer Kindergruppe mit einem Mitarbeiter ist die Jugendarbeit in ihrem Ort nicht mehr existent. In Göttelfingen und Igelsberg gibt es zwar noch Gruppen, aber auch hier ist man immer wieder auf der Suche nach neuen Wegen, Jugendliche zu erreichen und zur Mitarbeit zu motivieren. Der Wohnort verliert immer mehr an Bedeutung, da die Jugendlichen oft nur noch zum Schlafen zu Hause sind und viel Zeit im Bus oder in nahe gelegenen Kleinstädten verbringen. Was kann man tun, um unter diesen Bedingungen Jugendarbeit aufzubauen und zu stärken?

Idee

Trainee als „übergemeindliche Jugendgruppe auf Zeit“ anbieten! Jeder Ort ist aufgrund von niedrigen Einwohnerzahlen zu klein, um genug Teilnehmende und Mitarbeitende für ein eigenes Traineeprogramm zu stellen. Deshalb will man sich gemeinsam an dieses Projekt heranwagen. Durch meine Rolle als Jugendreferentin soll ich die Leitung übernehmen, die Orte zusammenbringen und unterstützen.

Erfahrungen

In jedem Ort wurden nach Überzeugungsarbeit der Verantwortlichen „am Gartenzaun" Mitarbeitende gefunden. Es waren ganz unterschiedliche Leute. Nach Informationsabenden in jedem der drei Orte und persönlicher Werbung kam ein bunt gemischter Kurs mit 17 Teilnehmenden zustande. Die Abende haben rotierend in den drei verschiedenen Gemeindehäusern stattgefunden, Eltern und Mitarbeitende haben bei der Fahrt geholfen. Die unsichtbaren Grenzen und die Hemmschwelle, mit den anderen Orten zu kooperieren, wurden immer geringer.

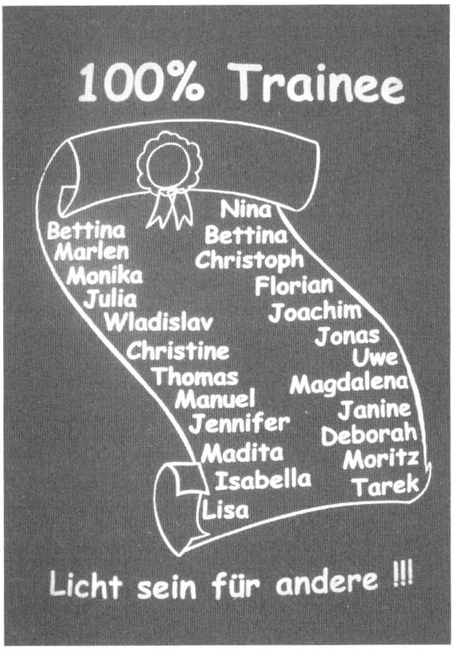

Die Trainees haben jeweils ein Projekt für ihren Ort durchgeführt und in ihrer Kirchengemeinde einen Gottesdienst gestaltet. Dadurch wurde ihr Bezug zur eigenen Kirchengemeinde gestärkt. Die Traineezeit hat sie so stark miteinander verbunden, dass ein regionaler Jugendkreis unter eigener Leitung entstand. Einige Trainees arbeiten inzwischen in der Jungschar oder Kinderkirche in ihren Orten mit. Sie tauchen immer wieder bei Veranstaltungen oder Jugendgottesdiensten im Bezirk auf.

Die Teilnahme am Traineeprogramm war für viele der Jugendlichen die Chance, mehr über den christlichen Glauben zu erfahren, und wurde so für sie zum Start eines persönlichen „Emmaus-Weges".

Am Ende des Jahres waren die Trainees sich einig: Sie wollen als Erinnerung an das Jahr einen Traineepulli machen, auf dem das Motto steht, das sie in dem Jahr für sich und ihr Leben entdeckt haben: „Licht sein für andere!"

Benötigte Ressourcen

- Ein verantwortlicher Mitarbeiter, der die Koordination und Leitung übernimmt, Erfahrung in der Jugendarbeit hat und inhaltlich qualifiziert ist.
- Pro drei bis vier Teilnehmende einen weiteren Mitarbeiter: Bei der Suche kann man ganz kreativ werden – wer ein Herz für Jugendliche hat und ein Gespräch in einer Kleingruppe leiten kann, kann mitmachen.
- Räumlichkeiten in jedem der teilnehmenden Orte.
- Die Kosten für Ordner, Kopien, Getränke, ein gemeinsames Wochenende usw. können durch Teilnehmerbeiträge, Beiträge von Kirchengemeinde/CVJM und Zuschüssen gedeckt werden.

Empfehlungen

Trainee findet nur ca. alle zwei Wochen statt: Eventuell ist es sinnvoll, die Gruppentreffen samstags anzusiedeln, mit einem gemeinschaftlichen Brunch zu starten oder spätnachmittags zu beginnen und den Jugendlichen im Anschluss die Möglichkeit zu geben, sich weiter in den Räumen zu treffen. Dadurch entsteht ein Stück Heimat und ein Ort, an dem Freundschaften entstehen und vertieft werden können.

Gemeinnütziges Sozialprojekt einbauen: Neben den praktischen Erfahrungen in der Jugendarbeit finde ich es wichtig, dass die Trainees gemeinsam etwas tun, das die Lebensqualität in ihrem Wohnort steigert und ihr diakonisches Auge schärft. Im vergangenen Jahr habe ich erstmals mit einer Traineegruppe eine Sammelaktion für den örtlichen Tafelladen durchgeführt. Die Erfahrung hat viele berührt, denn sie konnten erleben, dass ihr Einsatz einen Unterschied macht.

Abschlussgottesdienst: Wenn ein Würdenträger wie z.B. der Bürgermeister die Zertifikate übergibt, haben beide Seiten davon einen Gewinn. Die Jugendarbeit der Kirche und ihre Bedeutung für den Ort werden dadurch bekannter und die Jugendlichen erfahren Wertschätzung.

Weiterführung besprechen: Idealerweise entstehen durch die Projekte und Praktika Möglichkeiten, wie die Jugendlichen sich nach dem Traineejahr weiter einbringen können. Wünsche und Ideen der Trainees sollten auf jeden Fall am Ende der Traineezeit besprochen werden.

Jugendliche Andachten selbst übernehmen lassen: Nachdem die Trainees gelernt haben, wie sie Andachten machen, können sie den Part selbst übernehmen. Das regt sie an, über den eigenen Glauben nachzudenken und sprachfähig in Glaubensfragen zu werden. Natürlich sollte nicht vergessen werden, die Andacht nachher mit ihnen auszuwerten.

Weitere Informationen zu Inhalten und zum Ablauf von Trainee enthält das Buch „Das Trainee-Programm", erhältlich bei buch+musik (www.ejw-buch.de).

Monika Körner

Jugendreferentin beim Evangelischen Jugendwerk Freudenstadt

45. Worttransport – das Konzept eines Lehrevangelisationsprogrammes und die Geschichte von einem, der die Predigt verpasst hat …

Es ist mucksmäuschen still im Raum. Wir kommen zum entscheidenden Teil der Predigt. Die Jugendlichen hängen dem jungen Verkündiger, der an diesem Abend die evangelistische Ansprache hält, gespannt an den Lippen. Daniel ist zu dieser Zeit Studierender an der Evangelistenschule Johanneum: dritter Kurs, Evangelisationspraktikum.

Daniel will gerade ansetzen, um die Jugendlichen zu einem eignen Leben mit Jesus einzuladen, da klopft es laut. Alle Blicke gehen zur Tür. Sie öffnet sich, ein Jugendlicher kommt grinsend herein, marschiert quer durch den Raum und setzt sich auf einen freien Platz in der ersten Reihe. Ich sitze als Daniels Mentor in einer Ecke und denke ärgerlich: „Du Schnarchbär – du hättest auch früher kommen können. Jetzt ist die evangelistische Ansprache vorbei; du hast nichts davon mitbekommen und darüber hinaus alle an der entscheidenden Stelle aus der Konzentration gerissen. Das hast du ganz toll gemacht – super!" Ich ärgere mich richtig. Fürchte, dass Daniel den Faden verloren hat.

Aber der begrüßt den „Zu-spät-Kommer" freundlich, zieht eine verbale Kurve und macht genau dort weiter, wo er unterbrochen worden war. Ich bin ehrlich beeindruckt. Er macht das wirklich klasse. Und ich beschließe, ihm das auf der Heimfahrt zu sagen.

Idee

Worttransport – das sind Jahr für Jahr vier jugendevangelistische Abende, die Mitte November zeitgleich an zehn bis vierzehn Orten in Württemberg stattfinden. Dabei werden einzelne Jugendwerke, CVJMs und Evangelische Kirchengemeinden in der Planung und Durchführung von der Landesstelle des Evangelischen Jugendwerks in Württemberg und dem CVJM-Landesverband Württemberg unterstützt. Für den dritten Kurs des Johanneums sind diese Jugendwochen seit ein paar Jahren das Jugendevangelisations-Praktikum.

Junge Studierende einer missionarischen Ausbildungsstätte oder der Theologischen Fakultät in Tübingen übernehmen die Verkündigung in einem Ort. Dabei werden sie von einem praxiserfahrenen Mentor intensiv begleitet. So fördern das Evangelische Jugendwerk Württemberg und der CVJM in Württemberg die Durchführung von mehrtägigen jugendevangelistischen Veranstaltungen, sie schulen zukünftige Hauptamtliche und investieren gleichzeitig in die Zukunft der evangelistisch-missionarischen Jugendarbeit.

Wie funktioniert Worttransport?

Während der Worttransport-Wochen ziehen die Studierenden zusammen mit ihren Mentoren auf den Bernhäuser Forst. Alle Mentoren und alle Mentees sind während der Woche aus Schulungsgründen an dieser zentralen Schulungs- und Bildungsstätte des Evangelischen

Jugendwerks in Württemberg untergebracht. Sie bereiten sich tagsüber sorgfältig vor, reflektieren ihre Erfahrungen in einer Art Predigtwerkstatt und erhalten wertvolle Tipps. Jeden Abend fahren sie in die Orte und nachts wieder in ihr Quartier zurück.

Erfahrungen

Das alles ist an dem Abend, an dem ein zu spät kommender Jugendlicher Daniel aus seiner Ansprache reißt, für die Beteiligten längst ein verinnerlichtes System. Jetzt, wo die Abende stattfinden, geht es uns vor allem darum, das Beste für die Jugendlichen herauszuholen. Wir wollen ihnen Jesus so vor Augen malen, dass diejenigen – für die es dran ist – den Mut fassen, einen eigenen ersten Schritt im Glauben zu gehen.

Auf der Fahrt zurück zum Bernhäuser Forst führen Daniel und ich an jenem Abend ein langes Gespräch. Nicht zuletzt deswegen, weil ausgerechnet der Jugendliche, der zu spät kam und die Ansprache gar nicht mitbekommen hatte, an diesem Abend zu Daniel gegangen war und ihn gefragt hatte: „Sag mal, kannst du mit mir beten? Ich habe gestern gehört, was du über Jesus gesagt hast. Ich würde gerne Christ werden. Tut mir leid, dass ich so spät gekommen bin – es ist … weil ich heute Geburtstag habe – früher ging nicht. Also, was denkst du … könntest du mit mir beten?"

Sie haben miteinander gebetet. Und Daniel hat das am Ende dieses Abends auch mit anderen Jugendlichen noch getan.

Am Ende der Worttransport-Woche schreibt Daniel in seinen Rückmeldebogen: „Es war beschämend und unglaublich heilsam zu erleben, dass Gott mehr tut, als ich ihm zutraue. Dass er in ein Chaos kommt und Menschen dort mittendrin zum Glauben an ihn finden – das ist unfassbar!" Wie recht er hat.

Dieter Braun

CVJM-Landesreferent und Jugendevangelist
im Evangelischen Jugendwerk in Württemberg

46. *Jumpers* – lebe mit den Menschen!

Irgendwie wollte ich immer die Welt retten. Ob es ein Superman-Gen gibt, ein Lebensretter-Gen? Wenn ja, ich glaube, es wäre in so manchem Kind nachweisbar, das davon träumt, ein Retter zu sein. Ich wollte schon mit sechs Jahren nach Afrika auswandern, um Albert Schweitzer zu helfen. Begeistert von Geschichten und nicht wissend, dass er schon nicht mehr lebte, packte ich meinen Rucksack mit Pflastern und einer Salbe gegen Bienenstiche. Irgendwie meinte ich, diese Salbe würde sicher auch gegen Schlangenbisse helfen. Was wäre wohl passiert, hätte meine Mutter mich nicht an der Haustür abgefangen?

In meiner Zeit als Teenager- und Jugendreferent beim Deutschen EC-Verband habe ich viele „Weltenretter" getroffen. Jungs, Mädels, Teenager, die voller Leidenschaft und Träume mit Gottes Liebe die Welt revolutionieren wollten. Manche haben verrückte Sachen, abgedrehte Dinger gemacht und als kleine Helden die Welten ihrer Mitschüler und Mitmenschen grundlegend verändert. „Verrückte Hunde", die von Gottes Liebe angesteckt wurden … Manche sind heute meine Kolleginnen und Kollegen geworden.

Es gehört aber zu meinen größten Schmerzen, dass ich allzu oft erlebt habe, wie diese „Revolutionäre des Glaubens" domestiziert und an das Halsband des „normalen Christen" gelegt wurden. So als hätten sie einen Aggregatzustand „Christ" erreicht, in dem es nichts mehr zu verlieren und nichts mehr zu gewinnen gäbe, nur noch abzuleben. Als gäbe es einen Sättigungsgrad, der, ist er einmal erreicht, den Glauben in eine schläfrige Routine überführt.

Außerdem bewegt mich verstärkt die Frage, warum die Jugendwerke vor allem die bildungsstärkeren Schichten erreichen und viele andere kaum oder gar nicht.

Oft genug musste ich es miterleben, dass wir zwar bei Jugendwochen mit Tanzteams wie „iThemba" aus Südafrika viele Teens auch aus Hauptschulen erreichten und einladen konnten. Aber die anfängliche Begeisterung riss spätestens dann ab, wenn sie in den „normalen" Teenkreis kommen sollten, in dem man über Bibeltexte brütete und sich kognitiv mit ihnen auseinandersetzte. Zudem waren auch die „frommen" Teens und deren Eltern oft wenig von den Neuzugängen begeistert, die die Geborgenheit des Kreises störten.

Aus meinen Beobachtungen und meinem Masterstudiengang „Gesellschaftstransformation" heraus gründete ich schließlich im Sommer 2010 einen eigenen Verein, der sich verstärkt um Kinder und Jugendliche aus sozialen Schieflagen und Brennpunkten kümmert.

Der als gemeinnützig anerkannte Verein „Jumpers – Jugend mit Perspektive e.V." hat vor allem diese Ziele:

- Gründung von christlich-sozialen Projekten in Brennpunkten. Hier haben wir in guter Kooperation mit der Evangelischen Gemeinschaft Kassel, dem Jugendamt, dem Wohnparkmanagement und anderen Partnern im März 2011 die Arbeit aufgenommen. In Projekten und kontinuierlichen Arbeiten sollen Kinder und Jugendliche in ihrem Selbstwert gefördert werden und echte Lebensperspektiven erhalten.

Unser Mitarbeiterehepaar Bißbort ist in den Brennpunkt gezogen, um von innen heraus für die Menschen da zu sein.

- Leitung eines Jumpers-Netzwerkes, zu dem zurzeit 17 verschiedene christlich-soziale Projekte gehören, unter anderem „Stoffwechsel" in Dresden oder „blu:boks" in Berlin. Gemeinsam stehen wir für das Anliegen, unterstützen uns nach Kräften und bieten Schulungen an für interessierte Gemeinden, die ihren Stadtteil in der Liebe Gottes neu entdecken wollen.
- Gründung eines Mentoringprogramms für Hauptschüler. Das Projekt „MENSCH – Mentoring für Schüler" unterstützt Hauptschüler auf ihrem beschwerlichen Weg in den Beruf und vermittelt unter anderem auch wichtige Werte und Leitlinien für das Leben. Hier arbeiten wir eng mit einem großen Wirtschaftsunternehmen zusammen.

Nun bin ich selbst hauptamtlich in der Leitung dieser spannenden Arbeit tätig. Vielleicht bin ich immer noch der kleine Junge, der etwas verändern will – ich hoffe es.

Thorsten Riewesell

Leiter von Jumpers e.V., Kaufungen

47. Gewohnte Pfade verlassen – eine arabische Gemeinde in der Landeskirchlichen Gemeinschaft

Neujahr 2007. Für den Gottesdienst der Landeskirchlichen Gemeinschaft (LKG) Hannover-Edenstraße hatte ich ohne besondere Absicht die Jahreslosung ausgesucht: „Gott spricht: Siehe, ich will ein Neues schaffen, jetzt wächst es auf, erkennt ihr's denn nicht?" (Jesaja 43,19a). Auf das Abendmahl folgte traditionsgemäß eine Gebetsgemeinschaft.

Plötzlich war eine Jungenstimme zu hören, die laut um Sündenvergebung bat und Jesus für seinen Kreuzestod dankte. Ich war verblüfft, öffnete die Augen und sah einen neunjährigen Jungen. Ich horchte auf. Dies Gebet war etwas ganz Neues.

Seine Mutter und er kamen schon eine Zeit lang zur arabischen Gemeinde. Zwischen uns entwickelte sich eine Freundschaft. Ihr Sohn hatte Schulprobleme, obwohl er intelligent war, aber er konnte dem Unterricht aus sprachlichen Gründen oft nicht folgen. Meine Frau ist Grundschullehrerin. Sie begann, mit dem Jungen zu arbeiten. Seine Leistungen verbesserten sich bald.

Seine Mutter war stolz auf ihn und freute sich. Sie erzählte davon in der Schule. Weitere Eltern fragten uns, ob wir ihren Kindern nicht helfen könnten. Schon bald war eine Gruppe von sechs Kindern zusammen. So startete die Hausaufgabenbetreuung.

Der Stein kam ins Rollen. Wir brauchten Mitarbeitende und warben um sie in der LKG und im Bekanntenkreis.

Eines Tages kam ein Klassenkamerad dieses Jungen mit seiner Mutter zu uns. Sie war ziemlich genervt und berichtete von dem alltäglichen Hausaufgabenstress mit ihrem Sohn. Sie erhoffte sich Hilfe. Bald besuchte ihr Sohn auch die Jungschar in unserer Gemeinde. Wie wir später erfuhren, hatten die Mitarbeitenden dafür gebetet, dass mehr Kinder zur ziemlich kleinen Jungschar kommen. Ihre Bitte wurde erhört.

Irgendwann klopfte dieser Junge ganz allein an meine Bürotür. Ich öffnete und war erstaunt, ihn zu sehen. „Was möchtest du?“, fragte ich ihn.

„Ich will mich taufen lassen.“

Ich war verblüfft und fragte: „Warum?“

Er antwortete: „Ich will in den Himmel kommen.“

Er erhielt Taufunterricht und wurde nach einem halben Jahr gemeinsam mit zwei anderen Kindern getauft.

Auch bei seiner Mutter hat sich Neues entwickelt. Sie war arbeitslos und hatte große Vorbehalte gegen das Christentum. Aber sie begann, sich um andere Kinder zu kümmern. Als ein Mitarbeiter ausfiel, sprang sie ein, gewann Freude an der Betreuung, nahm an einer Qualifizierung teil und leitet inzwischen die Hausaufgabenbetreuung als Stellvertreterin mit. Außerdem ist sie nun als pädagogische Mitarbeiterin und Betreuerin in der Schule beschäftigt, in der meine Frau arbeitet. Ihre große Abneigung dem Glauben gegenüber – beide Eltern sind verstorben, als sie noch Teenager war – hat sich gewandelt. „Ich weiß doch, dass es den da oben gibt, nur mit dem Beten habe ich noch Schwierigkeiten, und das mit meinen Eltern, das habe ich ihm noch nicht ganz verziehen.“

Gott hat diese Arbeit gesegnet:

- Heute betreuen wir 20 Kinder, meist mit Migrationshintergrund.
- 18 ehrenamtlich Mitarbeitende unterstützen uns. Viele sind erst durch die Hausaufgabenhilfe mit der LKG bekannt geworden. Einige sind noch keine Christen, aber alle nehmen an meiner 14-tägigen Andacht teil. Außerdem kommt es oft zu seelsorgerlichen Gesprächen.
- Die Arbeit strahlt in die LKG aus. Viele der Kinder kommen zur Jungschar. Manche Mitarbeitende gewinnen die LKG lieb und arbeiten dort mit.

Ein besonderer Einzelfall? Nein! Denn es gibt eine Vor- und Parallelgeschichte.

Rückblende

Alles hatte begonnen mit einer Einladung in unser Wohnzimmer. Ein Freund von mir, ein Ägypter, besuchte mich. Er wohnte ca. 100 Kilometer entfernt, aber er kam treu jede Woche zum gemeinsamen Bibellesen und Gebet für die Stadt und die ausländischen Mitbürger. Danach machten wir uns auf den Weg, um Menschen auf der Straße und in ihren Häusern mit der frohen Botschaft zu erreichen. Wir verteilten christliche Literatur und luden zu uns ein. Nach kurzer Zeit waren wir mehr als zehn Leute. Nun war die Zeit reif für einen arabischen Gottesdienst. Zu unserer Freude kamen 35 Personen. Wir waren also auf dem richtigen Weg.

Zurzeit kommen zur wöchentlichen Bibelstunde ca. 20 bis 25 Personen und zum monatlichen arabischen Gottesdienst 60 bis 100 Personen. Vor dem Gottesdienst essen wir gemeinsam. Einige Mitarbeitende der LKG helfen in der Küche und bei der Kinderbetreuung. Das ist keine Einbahnstraße. Arabische Christen engagieren sich inzwischen ebenfalls hilfreich in der LKG.

Außerdem führen wir arabische Freizeiten durch (ca. 100 Teilnehmende). Und wir gründeten etliche Hauskreise in mehreren Orten.

Kaum wahrnehmbar hat es angefangen; das haben wir erfahren. Dabei spielt der diakonische Ansatz eine wichtige Rolle. Menschen sind in Not. Sie kommen zu uns. Sie brauchen Hilfe, Wegweisung und tragende Beziehungen. In den Evangelien lesen wir an vielen Stellen, wie Jesus mit solchen Menschen umging. Sie wurden angenommen und bekamen Hilfe. Erst dann waren sie offen für Gottes Wort, hörten hin und entschieden sich für ihn.

Das ist unser Weg. Wir brauchen

- Ohren, um auf Gottes Weisungen zu hören und seine Wege zu erkennen; Kontakt mit ihm in Bibellese und Gebet.
- Augen, um Neues wahrzunehmen und Hände, um das Nötige zu tun.
- Geduld, Neues wachsen zu lassen.
- Mut, neue Wege zu gehen.

Michel Youssif

Prediger in der Landeskirchlichen Gemeinschaft, Hannover

48. *Baustelle Leben* – der Baumarktgottesdienst

Baustelle Leben ist unser Motto. Abgehalten wird der Gottesdienst freitagabends um 20.15 Uhr nach Kassenschluss zweimal im Jahr. Vor den Kassen befindet sich auf der einen Seite ein offenes Schnellrestaurant, auf der andern Seite eine Cafeteria. Im Eingangsbereich dazwischen ist Platz für ca. 200 Personen. Da die Besucher meist gezielt zum Gottesdienst kommen, erhalten sie am Eingang eine Klappbank und dürfen sich ihren Sitzplatz selbst wählen.

Ausgangssituation

Auslöser für unsere Baumarktgottesdienste war die Beobachtung, dass vor allem Männer und ihre Frauen im Alter zwischen 30 und 60 Jahren zu den Besuchern des Baumarktes gehören, eine Gruppe, die im kirchlichen Leben kaum in Erscheinung tritt. Wie kann man diesen Personenkreis erreichen? Indem man sie dort abholt, wo sie stehen.

Die Mitmachaktionen, zu denen wir einladen und die stets mit

dem Baumarktgottesdienst verbunden sind, haben handwerklichen Charakter. Diese Aktionen greifen wir auf und machen sie zum Thema. Ebenso zielt die musikalische Umrahmung auf den Geschmack jener Gruppe, meist Rockmusik.

Auch die räumliche Situation in einem Baumarkt erleichtert es, sich dort auf einen Gottesdienst einzulassen.

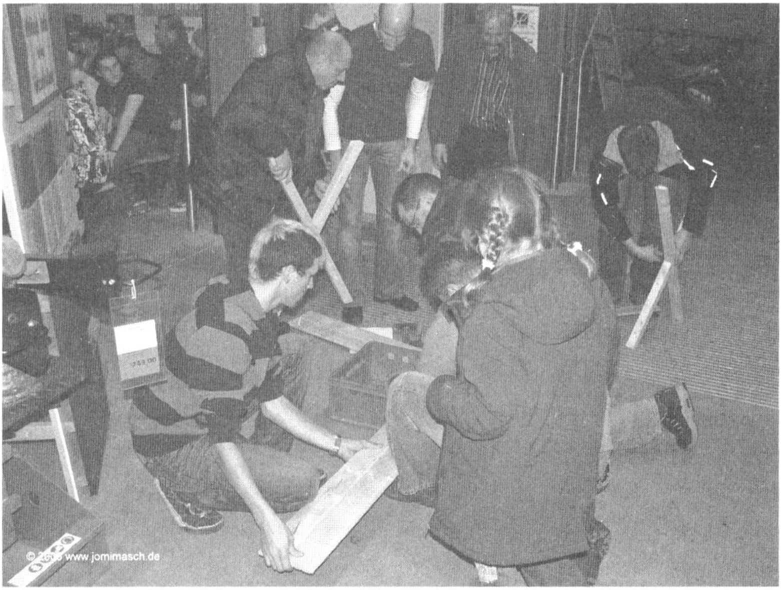

Idee

Wir wollen Menschen erreichen,

- die sich in der mittleren Lebensphase befinden.
- die mit traditionellen Gottesdienstformen Probleme haben.
- die sich für Jugendgottesdienste zu alt, für traditionelle Gottesdienste zu jung fühlen.
- die Schwellenängste bei sakralen Räumen haben.
- die eher auf Rock- oder Popmusik stehen als auf Orgelsound.
- die bereit sind, aktiv im Gottesdienst mitzuwirken.
- die als Familie am Gottesdienst teilnehmen wollen.

Warum gehen wir mit unserem Gottesdienst in den Baumarkt?

Wir gestalten unsere Gottesdienste in einem Baumarkt, weil sich dort viele Anknüpfungspunkte bieten, die sich als Inhalte des Gottesdienstes eignen. Bauen und Renovieren haben schließlich immer etwas mit Lebensgestaltung zu tun. Außerdem gibt es viel Spielraum für echte Aktionen mit den dort verfügbaren Werkstoffen (Hobelspäne, Sand, Wasser sind hier ohne Probleme einsetzbar). Die handwerklichen Aktionen, die von den Besuchern ausgeführt werden, sind ideale Aufhänger für die Verkündigung und werden übertragen auf die Baustelle des eigenen Lebens. Zudem gibt es reichlich Symbole, auf die man sich beziehen kann und die den Besuchern mitgegeben werden können. Das im Anschluss wieder geöffnete Schnellrestaurant lädt zum Verweilen und zu Gesprächen ein.

Erfahrungen

Am 6. Juli 2007 fand bei uns der bundesweit erste Gottesdienst dieser Art statt. Seither bieten wir zwei Gottesdienste im Jahr an.

Das Interesse der Medien war enorm. Der Südwestdeutsche Rundfunk bat um eine Reportage. Auf der Bewertungswand stimmten von 210 Besuchern 99 Prozent mit „weiter so".

Der Gottesdienst dauert maximal 60 Minuten. Themen waren z.B.:

- Die Tücken des Bauens
- Tapetenwechsel
- Mach mich nass
- Der Krippenvirus (zu Weihnachten)

Werbung

Die Werbung geschieht durch die lokalen Medien. Außerdem wird der Gottesdienst im jeweiligen aktuellen Baumarktprospekt (Auflage 180 000 Stück) angekündigt. Zudem macht unser eigenes Logo (Baustelle Leben) auf dem Banner am Baumarkt auf den Gottesdienst aufmerksam. Wer seine E-Mail-Adresse abgibt, wird über den nächsten Gottesdienst per Newsletter von uns informiert.

Benötigte Ressourcen

- fünf Vorbereitungsabende für das Team, das bei uns aus zehn Leuten besteht
- Werkmaterial (meist vom Baumarkt zur Verfügung gestellt)
- Bühne (Styroporwürfel vom Baumarkt, darauf Verlegeplatten)
- Beamer, Klappbänke, Verstärkeranlage
- Musik-Band
- Anspielgruppe (Baumarktfamilie)
- Kosten können mit der Kollekte gedeckt werden.

Ich freue mich über jeden, der die Baumarktidee aufgreift und mit mir weiterentwickelt. Die bereits ausgearbeiteten Gottesdienste gebe ich gern weiter: Joachim.Wuerth@evkirchepfalz.de

Joachim Würth
Gemeindereferent in Wörth

49. *Kreuz & Quer* – die ganz andere Kneipe

Idee und Ausgangssituation

Immer wieder tauchte in meinem langjährigen Reisedienst der Missionarischen Dienste unserer Landeskirche (Pfalz) die Frage nach ergänzenden und zum Teil auch alternativen missionarischen Kommunikations- und Verkündigungsformen auf: abseits von gerasterten Normen und Formen, abseits von etikettierten Häusern und Räumen, abseits vom Alleinvertretungsanspruch einer Kirche oder Gruppe.

Dabei war die Frage bedrängend, wie wir niederschwellig (nicht zu verwechseln mit herabgesetzten Preisen und Konditionen) das Evangelium von Jesus Christus auch in einem säkularen Umfeld ins Gespräch bringen können.

1993 war es dann so weit. Eine zuvor unscharfe Vision für die Kleinstadt Landau (knapp 50 000 Einwohner) hatte Gestalt gewonnen: eine christlich geprägte Kneipe in säkularen Räumen mit einer gemeinde- und kirchenübergreifenden Trägerschaft. Das Klinkenputzen bei den Gemeindeleitern der Stadt begann.

Ein Jahr später gründeten wir einen eingetragenen Verein. Mit im Boot waren von Anfang an unter anderem unsere Evangelische Kirchengemeinde, die Katholische Gemeinde und drei Freikirchen der Stadt. Wir machen dabei die Entdeckung, dass dieses praktische Miteinander unsere Glaubwürdigkeit als Christen in der Öffentlichkeit enorm stärkt.

Im Dezember 1999 gingen wir dann nach langwierigen und kostenintensiven Ausbaumaßnahmen (319 557 €) in einem alten Gewölbekeller (ca. 300 m^2) in der Stadtmitte „ans Netz".

Die normale Bestuhlung in Gastraum und Raucherzimmer sieht etwa 70 Plätze vor. Bei besonderen Veranstaltungen (z.B. Kleinkunst, siehe unten) können wir auf 140 aufstuhlen.

Praktische Umsetzung

Die Kneipe ist mittwochs bis sonntags von 19.00 bis 23.00 bzw. 24.00 Uhr geöffnet.

Nachdem wir aus einer Konkursmasse unter anderem auch eine fast neuwertige, komplett ausgestattete Edelstahlküche übernehmen konnten, entschieden wir uns dafür, mit diesem Pfund werbend zu wuchern und entsprechend gute und preiswerte kulinarische Angebote zu gestalten. Dazu gehört dann auch ein besonderes Angebot für angemeldete Gruppen: das 4-Gänge-Bibelmenü, garniert mit guter Live-Musik, mit biblischen und sonstigen ernst gemeinten und humorvollen Lesungen.

Im Rahmen unseres Projektes ist die Küche der einzige Arbeitsplatz, der mit einer vollen hauptamtlichen Kraft ausgestattet ist. Daneben haben wir eine 300-Euro-Kraft für den Bereich Abrechnung und Vereinswesen sowie immer ca. 40 ehrenamtlich Mitarbeitende für den Bereich Service, Küche und Thekendienst. Diese ehrenamtliche Mitarbeiterschaft ist der eigentliche Schatz von *Kreuz & Quer* (K&Q)!

Ich selbst, als Pfarrer der Missionarischen Dienste unserer Landeskirche, bringe etwa 20 Prozent meiner Tätigkeit (und einen Großteil meiner Freizeit) in dieses Pilotprojekt ein: Begleitung der Mitarbeitenden, Krisenmanagement, Kontakte zu externen Behörden und Sponsoren, Mitarbeiter im Programmteam und Vorsitzender des Trägervereines.

Wir bieten ein breit gefächertes Programm an: Da ist einmal der missionarisch-seelsorgerliche Schwerpunkt mit Brunchgottesdiensten für Langschläfer oder die „musikalischen Nachtgedanken – unser Wort zum Montag". Außerdem gibt es wechselnde Glaubenskurse, Gesprächsangebote, eine Pinnwand mit monatlich wechselnden missionarischen Spots, gott.net-Bierdeckel mit ansprechenden Grafiken und Kurztexten zum Mitnehmen. Dank eines Sponsors werden im Foyer-Bereich kostenlose Bibeln und Neue Testamente weitergegeben.

Daneben haben wir von Anfang an auch einen sozial-diakonischen Schwerpunkt in unserem Projekt. So versteht sich *K&Q* unter anderem als Einrichtung der primären und sekundären Suchtprävention. Aus diesem Grund bieten wir ausschließlich alkoholfreie Getränke an.

Wöchentlich trifft sich in unseren Räumen eine große Gruppe betroffener Menschen in dem niederschwelligen Gesprächskreis „Sucht und Abhängigkeit". Dieser Kreis wird von qualifizierten Mitarbeitenden unseres Teams moderiert und begleitet.

Darüber hinaus bieten wir Raum für trauernde Menschen durch ein langjähriges, monatlich stattfindendes Trauercafé.

Ein Hartz-IV-Kreis hat sich in unseren Räumen etabliert, ebenso weitere diverse Selbsthilfegruppen.

Ein wichtiges (auch ökonomisches) Standbein ist das bunt gemischte, wöchentliche Kleinkunstprogramm, das jeden Freitagabend stattfindet. So konnten wir 2010 den 25 000sten Kleinkunst-Besucher ehren.

Mit wechselnden Bildausstellungen, jeweils eröffnet mit einer Vernissage, erreichen wir außerdem einen kunst- und kulturinteressierten Gästekreis, den wir bei der Gelegenheit in unseren Räumen auch mit unseren übrigen Angeboten vertraut machen.

Erfahrungen und benötigte Ressourcen

Unsere Konzeption mit dem doppelten Schwerpunkt missionarisch-seelsorgerlich und sozial-diakonisch hat sich bisher sehr bewährt.

Da bei uns vieles unter einem Dach möglich ist, erreichen wir so ergänzend zahlreiche Menschen, die wir durch traditionelle kirchliche Angebote eben kaum noch erreichen. Gelebte Gastfreundschaft ist dabei ein wesentlicher Türöffner.

Unser abendlicher Gästekreis ist im Altersspektrum zwischen 30 und 55 Jahren angesiedelt.

Die gemeindeübergreifende Zusammenarbeit ist nicht immer konfliktfrei, aber eine große Chance. Sie ist sehr wohl möglich, wenn wir einander die Wertschätzung nicht verweigern, die geistliche Kompetenz nicht absprechen und einander keine konfessionellen Roten Karten zeigen.

Zu unseren großen Ressourcen gehört ohne Zweifel der Kreis der ehrenamtlich Mitarbeitenden. Wichtig ist hier, durch vielseitiges „Training" die ehrenamtlich Mitarbeitenden in ihren Erfordernissen ernst zu nehmen, ständig dranzubleiben und zu werben.

Die monatlichen Fixkosten des Projektes belaufen sich auf etwa 4 000 Euro (Energie, Kreditzins, Vergütung der Küchenleiterin und der 300-Euro-Kraft), die wir selbst erwirtschaften müssen. Durch ein mittelständisches Unternehmen erhalten wir eine jährliche Unterstützung von 6 000 Euro. Eine gelegentliche Spende hilft, das jährliche Sommerloch auszugleichen.

Das Projekt ist auch nach elf Jahren noch immer ein spannendes Glaubensprojekt und erfordert viel Vertrauen und volle Aufmerksamkeit.

Der Marktplatz Gastronomie bietet uns Christen vielfältige Möglichkeiten – unkonventionell, aber hautnah – das Evangelium von Jesus Christus weiterzugeben und den Menschen bei ihrer Lebensbewältigung behilflich zu sein.

Unter dem Dach der Arbeitsgemeinschaft Missionarische Dienste (AMD) haben einige Leiterinnen und Leiter christlicher Cafés und Kneipen 2003 das bundesweite Netzwerk Christlicher Cafés gegründet. Ich selbst gehöre zum Gründer- und auch zum Leitungskreis. Etwa 50 ähnliche Projekte sind hier vernetzt. Unser Motto lautet: „Ins Café gegangen ... und überraschend Gott getroffen."

Das Netzwerk bietet:

- jährliche Fachtagung für Leitende und Mitarbeitende christlicher Cafés und Kneipen
- Bereitstellung von Ideen, Konzepten und praxiserprobtem Material
- Starthilfe bei Café-Gründungen
- Öffentlichkeitsarbeit in Kirche und Gesellschaft
- Arbeit an Grundfragen des Gemeindeaufbaus im Kontext christlicher Café-Arbeit

Weitere Informationen über das Netzwerk: www.christliche-cafes.de
Kontakt: mail@christliche-cafes.de

Gerhard Weber

Pfarrer beim Missionarisch-Ökumenischen Dienst der Evangelischen Kirche der Pfalz

50. Radwegekirchen

Ausgangssituation

Nichts ist vergleichbar mit der einfachen Freude, Rad zu fahren.
John F. Kennedy

Bei keiner anderen Erfindung ist das Nützliche mit dem Angenehmen so innig verbunden wie beim Fahrrad.
Adam Opel

Was hat das Fahrrad mit dem Thema „Kirche kreativ“ zu tun?

Ganz viel! Seit 2010 ist die Evangelische Kirche in Deutschland (EKD) nämlich mit sogenannten „Radwegekirchen“ am Start! Hierbei handelt es sich nicht um Kirchen, die allein für Radfahrer gedacht sind, sondern gemeint sind bereits bestehende evangelische Kirchen unserer Landeskirche. Lebendige Gemeinden, die aufgrund ihrer Nähe zu Touristen sich diesen besonders widmen. Vergleichbar den allseits bekannten Autobahnkirchen befinden sich Radwegekirchen dementsprechend an den großen Fernradwegen Deutschlands: Weser-Radweg, Leine-Heide-Radweg, Elbe-Radweg, um nur die zu nennen, die in der Evangelisch-lutherischen Landeskirche Hannovers zu finden sind.

Wenn man sich für einen Moment in die Rolle eines Radtouristen hineinversetzt, dann weiß man, was es bedeutet, während einer Tour auch immer wieder geeignete Rastplätze zu finden. Ein schönes Dorf, eine beschauliche Altstadt, ein landschaftlich oder historisch bedeutsamer Flecken Erde sind Aspekte, von denen sich ein Radtourist leiten lassen kann. Mehr und mehr zählen dazu auch unsere Kirchen und Kapellen am Wegesrand.

Idee

Ausgangspunkt sind in diesem Fall die bereits verlässlich geöffneten Kirchen oder offenen Kirchen gewesen. Seit über zehn Jahren gibt es diese Möglichkeit für evangelische Kirchen in der EKD. Mittlerweile sind allein in der Evangelisch-lutherischen Landeskirche Hannovers über 250 Kirchen und Kapellen verlässlich geöffnet. Das heißt, sie tragen das Signet „verlässlich geöffnete Kirche“:

Sie laden ein zum Verweilen, Entdecken und Beten. Wenn eine Kerze angezündet, ein Lied gesungen oder gesummt wird oder in der Stille einfach durchgeatmet werden kann, dann spüren die Suchenden, dass sie hier willkommen sind. Gelebte Gastfreundschaft gemäß Hebräer 13,2 (LUT) entsteht: „Gastfrei zu sein vergesst nicht; denn dadurch haben einige ohne ihr Wissen Engel beherbergt.“

Dieses betrifft Suchende, Besucher, Touristen und eben auch Radtouristen. Eine verlässlich geöffnete Kirche, von der sich Radtouristen eingeladen fühlen, kann somit zu einer Radwegekirche werden.

Erfahrungen

Innerhalb der EKD gibt es inzwischen etwa 40 Radwegekirchen. Die ersten Erfahrungen damit sind durchweg positiv. Ein Beispiel einer Kirchenvorsteherin aus Gimte bei Hannoversch Münden soll dies verdeutlichen:

„Radtouristen bereichern das Gemeindeleben, wenn sie manchmal spontan zu Gottesdiensten oder Andachten bleiben und wir mit ihnen ins Gespräch kommen. Sorgen und Ängste, dass Radtouristen stören, mehr Arbeit, mehr Müll verursachen, bestätigen sich nicht, denn die Gäste spüren, was uns selbst die Kirche mit all ihren Besonderheiten bedeutet.“

Benötigte Ressourcen

Grundlage ist die verlässlich geöffnete Kirche, was bedeutet, dass sie tagsüber von Ostern bis zum Erntedankfest frei zugänglich ist.

Der Kirchenraum lädt zur Stille und Besinnung ein. Er ist gastfreundlich gestaltet durch seine äußere Ordnung, die Auslage von geistlichen Texten, einen speziellen Gebetsort sowie Angebote von Andachten und die Gelegenheit zur Seelsorge.

Radwegekirchen zeichnen sich dadurch aus, dass

- die Kirche in unmittelbarer Nähe zu einem Radwanderweg liegt.

- das Außengelände für Radtouristen gastfreundlich gestaltet ist.
- es geeignete Abstellmöglichkeiten für Fahrräder mit Gepäck gibt.
- Orte für die Rast (Tische und Bänke) vorhanden sind.
- Zugang zu Trinkwasser und Toiletten möglich ist.
- die Kirche als Radwegekirche durch Hinweisschilder auf dem Radweg und an der Kirche gekennzeichnet ist.

Schlussbemerkung

Es ist bemerkenswert, wie auf diese kirchliche Neuerung von vielen Seiten positiv reagiert wird: Die Gemeinden und Kirchenkreise entdecken nach und nach, wie sie sich durch offene Kirchen und Radwegekirchen weiter profilieren können. Und das mit relativ einfachen Mitteln.

Bislang eher kirchenferne Einrichtungen wie die Tourismusbranche oder der ADFC (Allgemeiner Deutscher Fahrrad-Club) sind auf Radwegekirchen neugierig geworden und zeigen große Bereitschaft und vermehrtes Interesse zu kooperieren.

Und schließlich der Radtourist selbst, ob gläubiger Christ oder nicht, er muss feststellen: Die Kirche holt die Menschen dort ab, wo sie sind – und sei es auf dem Fahrradsattel.

Jürgen Lojowsky

Diakon, Krankenhausseelsorger (50 %),
Referent für Kirche im Tourismus (50 %), Hildesheim

51. An den Hecken und Zäunen

Ich melde mich bei der Bahnhofsmission (BM) am Ostbahnhof, ob und in welcher Form sich die leitende Mitarbeiterin dort eine wöchentliche Andacht vorstellen könne. Ich lasse mir den täglichen Ablauf schildern, die Besucher beschreiben, nehme den Raum in Augenschein. Wir vereinbaren, dass ich zunächst einmal an zwei Tagen Dienst bei der Bahnhofsmission mache: Stullen schmieren, Kaffee ausschenken.

Nach einer guten halben Stunde fragt mich ein Gast: „Du bist neu hier, wa?"

„Ja", antworte ich – und nach einer kurzen Pause: „Aber nicht wirklich neu."

„Wat heißt 'n det?"

„Na, ich bin schon dreißig Jahre bei dem Laden."

„Dreißig Jahre? Wat machste denn?"

„Ich bin Pastor."

„Pastor? Komma her, ick muss dir wat erzählen."

So habe ich innerhalb der ersten Stunde drei Lebensgeschichten gehört, die ich gar nicht abgefragt habe. Meine Unsicherheit ist wie weggeblasen. Hier bin ich ganz offensichtlich richtig. Die Menschen, die sich bei der Bahnhofsmission aufhalten, brauchen nicht nur ein Dach über dem Kopf, nicht nur etwas zu essen, nicht nur eine Erstberatung im Fall sozialer Schwierigkeiten – sie brauchen auch jemanden, dem sie ihr Herz ausschütten können. Die Mitarbeiterin und ich entscheiden uns für einen Nachmittag in der Woche, an dem wir eine kurze Andacht anbieten: Zehn Gäste sitzen vor einer Tasse Kaffee, ich spreche ein Psalmgebet in moderner Sprache (ausgedruckt zum Mitnehmen), lasse mich auf ein Gespräch über einen Bibeltext ein und schließe mit Gebet, Vaterunser, Segen.

Es ist Mittwoch nach Weihnachten. Ich betrete den Essraum der ganzjährigen Notübernachtung in der Franklinstraße, wo ich einmal wöchentlich sitze und Zeit für ein Gespräch habe. In der Regel ist es sehr mühsam. Die Menschen sitzen vor ihrem Essen, hinter ihrer Zeitung oder schon in festen Gruppen. Selten kenne ich jemanden, zu dem ich mich setzen kann. Noch seltener kennt mich einer, denn die Gäste dürfen normalerweise nur drei bis vier Tage bleiben. Diesmal kommt es anders. „He, Pastor, wo kommst du denn her?" schallt es mir entgegen.

Ich erkenne Kalle und erkläre: „Ich bin mittwochs immer hier", und setze mich dazu.

Small Talk. Dies und das. Dann sagt Kalle: „War jut deine Predigt."

„Welche Predigt?"

„Da war doch noch was! Da war doch noch was!", zitiert er aus meiner Predigt.

„Du warst Heiligabend in der Bahnhofsmission!"

„Ja", bestätigt Kalle.

Ich hatte diesen Satz wie einen roten Faden durch die Predigt klingen lassen. „Und nun?", frage ich ihn.

„Du wirst lachen, dieser Satz hat bei mir ausgelöst, nach 35 Jahren auf der Straße ins Übergangshaus zu gehen – und es hat geklappt."

Ich freue mich für ihn und kündige an: „Dann sehn wir uns da immer freitags – da bin ich nämlich auch."

Viele Geschichten voll schöner und belastender Erlebnisse hat er mir erzählt in den paar Monaten, in denen wir uns dort begegnet sind. Eines Tages fehlte er. Er war für jemanden zum Einkaufen gegangen und nicht wiedergekommen. Ich habe ihn nie wiedergesehen.

Im Rückblick sind mir vor allem zwei Erfahrungen wichtig:

Die größte Herausforderung für mich war es, den Menschen „aufs Maul zu schauen", um ihre Sprache zu sprechen, sowohl die Direktheit als auch die Einfachheit. Dafür kamen mir die Jahre mit den Jugendlichen im Berliner Wedding zugute. Jetzt brauchte ich noch lebensnahe Bibelübersetzungen wie z.B. die Volxbibel und die Psalmen von Spangenberg, dazu Kurzgeschichten, wie sie bei Axel Kühner und Willi Hoffsümmer gesammelt sind.

In den Jahren des Unterwegsseins bin ich immer öfter gefragt worden: „Pastor, wo ist denn deine Kirche?“ Ich hatte keine. Die Einrichtungen waren meine Kirchen. Die Frage hat mir Vielfältiges signalisiert: Ich war angekommen bei meinen Leuten; meine Sprache war ihre Sprache; eine Beziehung zu ihnen ist gewachsen; sie würden – vielleicht – sogar in (m)eine Kirche kommen. Ich stand dann wiederholt vor der Aufgabe, die Menschen in eine Gemeinde weiterzuvermitteln, und vor der Erfahrung, dass sie auf dem Weg dorthin „verloren“ gingen. Die Schwelle zu mir als „Kirche“ hatte ich überschritten, eine neue Schwelle war zu hoch.

Heute würde ich mit Dringlichkeit sagen: Diese Arbeit muss personell verknüpft sein mit einer „Kirche“, in die der Pastor die Menschen mitnehmen kann und wo sie ihm regelmäßig begegnen.

Manfred Herbrechtsmeier

2004-2010 Obdachlosenseelsorger in der Berliner Stadtmission, seit 2010 Pastor in der Seelsorge- u. Beratungsstelle FOYER an der Kaiser-Wilhelm-Gedächtniskirche, Berlin

Stichwortverzeichnis

Bildnachweis

Reinke: Alles normal: privat
Götz: Mit jungen Erwachsenen in der Großstadt zusammenleben: privat
Stemmann: Gastfreundliche Gemeinde: beide Haus kirchlicher Dienste der Evangelisch-lutherischen Landeskirche Hannovers
Thorsen: Demenz ist kein Hindernis: Torstein Ihle
Leiser: Heimatfilm *Sielminger Geschichten*: beide privat
Kumm: *Move it*: privat
Brünjes: Liebesbrief von Gott: privat sowie Osnabrücker Zeitung
Auracher: „... weil denen ihr Jesus heute Geburtstag hat!": privat
Günther: CVJM-Männerkochkurs: privat
Rieper: Und wenn die Welt voll Teufel wär ...: privat
Schwarz: *ChurchNight*: Evangelisches Jugendwerk Württemberg
Brünjes: Besinnungswege: privat
Kerschbaum: *Abenteuer Mahl Zeit*: CVJM-Landesverband Württemberg
Röger: Musik von Anfang an: privat
Ahlmann-Eltze: „... weil ich hier so glücklich bin!": privat
Schubert: Interessenorientierte Jugendarbeit: privat
Queisser: Leuchtturm im Plattenbau: privat
Schwarz: *Just More*: privat
Metzger: *vis à vis*: Evangelisches Jugendwerk des Kirchenbezirks Besigheim
Stempfle: Freitagabend am Schlaatz: privat
Freitag-Parey: *Oese kickt!*: beide privat
Lindner: Null-Euro-Tour: privat
Schmid: „Wir sind dann mal weg ...": privat
Stemman: „Ich bin dann mal weg": Haus kirchlicher Dienste der Evangelisch-lutherischen Landeskirche Hannovers
Schmid: *Pimp my Quali*: privat
Daniel: Aktion Strohhalm: Jörg Peter
Unger: Die Streitlotsen: privat
Mai: Der Taufwürfel: beide privat
Höcht: *KonfiCastle*: privat
Körner: Trainee im ländlichen Raum: privat
Braun: Worttransport: Die Fotos wurden der Foto-DVD „Blickwinkel", die der deutsche Bildungsring im Rahmen von „Projekt P –misch dich ein" produziert hat, entnommen. Fotos: Journalistenbüro Röhr: Wenzel; studioprokopy werbeagentur & fotostudio
Riewesell: *Jumpers*: privat
Youssif: Gewohnte Pfade verlassen: privat
Würth: *Baustelle Leben*: beide www.jomimasch.de
Weber: *Kreuz & quer*: beide privat